Kurt Tepperwein & Felix Aeschbacher

Leben im Jetzt, startklar für das Morgen

Kurt Tepperwein & Felix Aeschbacher

Leben im Jetzt, startklar für das Morgen

Originalausgabe 2013
© 2013 IAW Anstalt, Vaduz
www.iadw.com

ISBN: 978-3-7322-0566-0

Die Deutsche Nationalbibliothek verzeichnet diese Publikation
in der Deutschen Nationalbibliografie; detaillierte bibliografische Daten
sind im Internet über www.dnb.de abrufbar.

Umschlaggestaltung, Innenlayout und Satz: Marion Musenbichler,
Triesenberg/www.feder-leicht.net
Umschlagmotiv und Illustrationen: © fotolia/popcorn8/ellen Beijers/sg-design
Logo: © fotolia/m-Studio, Inhalt: © fotolia/popcorn8

Herstellung und Verlag: BoD – Books on Demand, Norderstedt
Made in Germany

Internationale Akademie der Wissenschaften (IAW) Anstalt, FL-9490 Vaduz
Tel. +423/233 12 12, Fax +423/233 12 14

Inhalt

1. Zu Beginn - Die Zukunft der Welt sind Sie 8
2. Sich selbst kennenlernen, um die Zukunft zu meistern 13
3. Selbsterkenntnis für eine „bessere" Welt 18
4. Wenn Sie auch eine bessere Zukunft wollen… 27
5. Auf der Suche nach der Ursache 30
6. Nur nicht in der Thematik stecken bleiben 33
7. Wissen wir zu viel? 38
8. Auf dem Weg zu sich selbst: Durch bewusstes
   Hier-sein die Zukunft formen **42**
9. Den Augenblick erfüllen 48
   - *Erleben Sie den Augenblick bewusst* 50
   - *Geben Sie dem Augenblick die Chance, erkannt zu werden* 51
10. Eine kleine Meditation 54
11. Freude als „Zukunftsharmonisierer" 58
12. Wie Sie sind, so wird Ihre Zukunft sein **63**
13. Keine Angst, es ist noch nichts passiert! 68
14. Selbstverleumdung statt Selbstvertrauen? 72

15. Der Wandel der Zeit auf dem Prüfstand 76
- *Zwischenmenschliches auf dem heutigen Prüfstand (Familie, Partnerschaft, Freunde & Co) und was Sie tun können* 76
- *Kommunikation & Austausch auf dem heutigen Prüfstand und was Sie tun können* 79
- *Arbeit & Beruf auf dem heutigen Prüfstand und was Sie tun können* 82
- *Geld & Besitz auf dem heutigen Prüfstand und was Sie tun können* 85
- *Gesundheit & Wohlbefinden auf dem heutigen Prüfstand und was Sie tun können* 88

16. Wie Gedanken unser Leben bestimmen 93
- *Gedankenmuster erkennen und durchbrechen* 97

17. Tepperwein Erfahrungsschatz
Energetisches Management: Eine Lebensführung für eine Zukunft, die man sich wünschen kann 101
1. *Das bewusste Ausrichten der Aufmerksamkeit* 103
2. *Das geistige „in Besitz nehmen"* 105
3. *Das Gesetz der Wandlung* 106
4. *Das Loslassen* 108
5. *Das Resonanzprinzip* 112
6. *Das Segnen* 113
7. *Der Glaube* 117
8. *Die „energetische Anprobe"* 119
9. *Die „energetische Signatur"* 121
10. *Die „Sprache des Lebens"* 122
11. *Die Intuition* 124
12. *Die Liebe* 126
13. *Die Macht der Gedanken* 128
14. *Die Schöpferische Imagination* 132
15. *Richtige Entscheidungen treffen* 134

18. Zu guter Letzt: Leben im Jetzt, startklar für das Morgen 139

ZU BEGINN

Die Zukunft der *Welt* **sind Sie**

KAPITEL 1

ZU BEGINN - DIE ZUKUNFT DER WELT SIND SIE

Wir haben darüber schon viel gelesen und gehört. Die ganze Welt spricht von einer Veränderung im Bewusstsein des Menschen. Diese Veränderung wird auch auf der Erde sichtbar sein, doch bevor dies geschieht, geschieht sie in uns. Wenn man vom Menschen der Zukunft spricht, mag man vorerst vielleicht an Sciencefiction-Filme denken. Illusionäre Vorstellungen um die Entwicklung des Menschen gibt es zur Genüge. Sie machen Angst, entlocken aber auch unser Interesse. Irgendwie scheint der Mensch seine Neugier nicht ganz verloren zu haben. Die Gegenwart ist weniger spektakulär. Sie verläuft fast zu trist, eintönig und hin und wieder ist sie mit Zwischenfällen gespickt, die wir nicht in unser Leben eingeladen haben. Man hat mit allerhand Schwierigkeiten und Problemen zu kämpfen. Dies hindert uns daran, unser Leben entspannt und gut gelaunt zu genießen.

Vielen Menschen macht die Zukunft Angst. Doch was ist Zukunft eigentlich? Existiert sie genau so, wie das Bild, das wir uns über sie gemacht haben? Ich meine nicht den Verlauf der Zukunft und welche Ereignisse sich ergeben, sondern die Zukunft an sich. Wann beginnt Zukunft? *Das, was im nächsten Moment ist, ist einen Augenblick später bereits wieder Vergangenheit.* Der Mensch nennt vor ihm liegende Ereignisse Zukunft.

Doch diese Zukunft ist nur da, wenn wir an sie denken. Nehmen wir an, wir würden uns für eine gewisse Zeit nicht mehr mit dem morgigen Tag, der nächsten Woche oder dem nächsten Jahr auseinandersetzen, sondern nur in der Gegenwart leben. Löst sich Zukunft dann auf? Welche Bedeutung hätte sie unter diesen Umständen für uns? Wenn wir nicht planen und hoffen, nichts erwarten und auch keine Wünsche hegen, was wäre Zukunft für uns? Wie wichtig ist in diesem Augenblick Zukünftiges? Solange wir nicht an das denken, was noch kommt, geschehen könnte, passieren soll oder auch nicht, könnte sie uns eigentlich komplett gleichgültig sein. Das könnte es! Ist es aber nicht. Wir haben Wünsche und Ziele. Die liegen unweigerlich in der Zukunft. Die einen haben genaue Vorstellung darüber, wie ihr Leben aussehen soll und die anderen hoffen einfach nur das Beste. Wie wichtig sind Wünsche und Ziele? Braucht es die überhaupt? In der Zwischenzeit wissen wir alle, dass es sinnvoll wäre, im Hier und Jetzt zu leben. Jetzt ist jetzt! Im Jetzt gibt es keine Ziele. Trotzdem haben wir sie. Ist das nicht ein Widerspruch?

Durchaus und es ist nicht der einzige, der es schafft unser ganzes Leben durcheinanderzubringen. Wir wissen was wir wollen, wissen aber auch was wir sollten oder nicht sollten. Ob uns das ein Lebensratgeber oder unser Bauchgefühl vermittelt hat, ist unwichtig. Fakt ist, dass all diese Lebensgrundsätze, Ratschläge und Philosophien nicht mit dem Alltag auf einen Nenner zu bringen sind. Zumindest sieht das so aus. Doch ist es wirklich so?

Wenn wir über all diese Lebensfragen nachdenken klingen sie etwas verwirrend. Wer stellt schon solche Fragen. Unsere eigenen Fragen sind eher diese üblichen Fragen und die beschränken sich auf das Leben. Wie will man etwas hinterfragen, was man weder begreifen noch verstehen kann? Muss das Leben logisch sein? Wir versuchen immer alles zu verstehen und verstehen wir etwas nicht, verunsichert uns das.

Unser Gehirn ist ein wunderbarer Gehilfe wenn es darum geht, uns durch das Leben zu führen und das beherrscht es einwandfrei. Wir sollten unsere Gedankenwelt im Allgemeinen nicht allzu ernst nehmen, denn geht es darum die Wirklichkeit zu erforschen, könnte sie uns dieses Vorhaben erschweren. Natürlich benötigen wir auch hier das Denken, doch noch mehr braucht es den emotionalen Zugang zu uns selbst und ein inneres Erfassen der Umstände. Diese Fähigkeiten tragen wir alle in uns, wir brauchen uns nur wieder an sie zu erinnern.

Unser Verstand, sowie unser Ego werden immer Einwände finden, um uns davon abzuhalten, das Leben etwas genauer zu durchleuchten. So sehr wir uns bemühen, „die eine Realität" kann unmöglich verstanden werden. Warum? Weil wir zwar das Wort Realität kennen, aber nicht wissen, was Realität wirklich ist. Wir können zwar immer wieder versuchen uns dieser Realität mit dem Verstand anzunähern, werden früher oder später aber doch bemerken, dass wir hier mit den herkömmlichen Methoden unserer Sinne nicht weiter kommen. In einer materiell geprägten Gesellschaft, wo wirtschaftliche Interessen über menschliche Bedürfnisse gestellt werden, kommen scheinbar nur die Harten durch.

Die Harten sind die stark Denkenden, die mit dem stark ausgeprägten Ego und dem unerbittlichen Durchsetzungsvermögen. Über einen eisernen Willen verfügen sie auch, schließlich will man ja nicht untergehen. Erziehung, Umfeld und Erfahrungen haben uns zu dem geformt, was wir heute sind. Vergangenes hat unser Innenleben erstarren lassen. Es hat uns ein klein wenig verbittert und vielleicht auch etwas eingeschüchtert, was uns daran hindert etwas intuitiver und spontaner zu leben. Und wie ist Ihr Leben heute? Tun Sie das, was Ihnen Freude bereitet oder schwimmen Sie auch mit der Masse mit, die funktionieren muss, nicht aufbegehrt und die Existenz der Welt, sowie einen Lebenssinn erst gar nicht hinterfragt? Wäre Ihnen das egal, wenn Sie erkennen würden, dass das Leben gar nicht das ist, wofür Sie es halten?

So wie wir die Welt sehen, ist sie vielleicht doch nur eine einmalige Betrachtungsweise, die in unserem Kopf ihren Ursprung hat. Inwieweit formen wir uns also diese Welt selbst? Ist die Welt so, wie wir sie sehen? Wie sieht diese Welt in der Zukunft aus?

Der Mensch der Zukunft sind Sie! Genau genommen müsste man den Menschen der Zukunft eigentlich als „den Menschen des Jetzt" bezeichnen, weil immer „jetzt" ist und Zukunft im Moment ja weder relevant noch anwesend ist. Für ein besseres Verständnis möchte ich jedoch die erste Bezeichnung beibehalten, auch wenn Zukunft und Vergangenheit nur in unserer Vorstellung existieren.

Wir haben so einiges erlebt und wir alle erhoffen uns eine gute Zukunft. Doch anstatt unseren Blick ständig auf die Zukunft zu richten, sollten wir damit beginnen, das Leben jetzt zu erfüllen. Auch auf gedankliche Ausflüge ins Gestern sollten wir verzichten, da es nur in der Erinnerung existiert. Es ist eine überflüssige Betätigung, schönen Erinnerungen nachzuweinen, in ihnen zu schwelgen oder sich mit negativen

Erinnerungen das Leben schwer zu machen, die unser Leben stagnieren lassen. Machen Sie sich einmal bewusst, wie oft sie tagsüber im Augenblick sind.

Wie oft sind Sie mit Ihren Gedanken bei der Sache? Wie oft sind Ihre Gedanken der Zeit voraus oder stöbern in früheren Zeiten herum? Wenn Sie sich darüber noch nie Gedanken gemacht haben, werden Sie spätestens jetzt bemerken, dass Ihre Gedanken immer unterwegs sind. Dies bedeutet dass Sie dem Moment, oder besser gesagt den unendlich vielen Momenten, abhanden gekommen sind. Vielleicht denken Sie sich „Ja und? Es denkt doch jeder den ganzen Tag über irgendetwas nach." Ja, leider! Wir haben es uns zur Gewohnheit gemacht. Und genau deshalb ist die Welt in so einem kritischen und fragwürdigen Zustand, wie sie jetzt ist. Der Mensch der Zukunft wird weiterhin auf der Erde leben, doch den geistigen Aspekt schon bald über den materiellen stellen, weil er sich mehr und mehr zu seiner Ursprünglichkeit „zurückentwickelt", was natürlich ein Fortschritt ist.

Sich selbst kennenlernen, um die *Zukunft* zu meistern

KAPITEL 2

Bei diesem Satz denken wir unweigerlich daran, dass der Mensch für die Zukunft verantwortlich ist und diese Verantwortung auch zu 100% übernehmen soll. Das stimmt. Vielleicht denken wir uns auch, dass jeder etwas dazu beitragen müsste, damit sich die Welt verändern bzw. verbessern kann. Doch nützt das was? Dies sollten wir niemals denken, sondern wirklich mit bestem Beispiel vorausgehen und den Alltag in allen Bereichen ganz bewusst erleben. *Es sind Kleinigkeiten die Großes bewegen und wenn sich jeder denkt, dass er nichts tun kann und dass die anderen etwas tun sollen oder sowieso schon tun, dann sind das wirklich einfältige Gedanken. Gute Vorsätze reichen nicht aus, handeln Sie!* Nachhaltigkeit, Umweltbewusstsein, Ethik und eine bewusste Haltung dem Leben gegenüber sollten nicht nur leere Worte sein, sondern in Ihrem Leben einen natürlichen Platz einnehmen.

Die ganze Welt spricht darüber, welche Verbesserung der Mensch, Gruppen, die Politik oder die ganze Gesellschaft vornehmen könnten. Es gibt durchaus Konzepte, Pläne und Visionen die vielversprechend sind, doch es geht in allem meist „nur" um Veränderungen und Maßstäbe, die ausschließlich die Außenwelt betreffen. Was heißt hier „nur"? Geht es nicht darum in der Welt etwas zu bewegen? Ja, darum geht es. Jeder Mensch trägt mit jeder noch so kleinen bewussten Handlung etwas dazu bei. Dies beginnt ganz nüchtern betrachtet beim Wasser und Strom sparen, Radfahren statt Autofahren, frische Lebensmittel kaufen anstatt Tiefkühlkost, Mülltrennung etc.

Menschen die sich Gedanken über die Umwelt und die Zukunft des Weltgeschehens machen, haben eine sehr gute Einstellung und verdienen ein Lob. Dennoch reicht es nicht aus, durch Handlungen die Zukunftsentwicklung des Planeten verbessern zu wollen. Warum? Weil es bei einer Handlung im Außen bleiben wird. Veränderung beginnt im Inneren eines Menschen und dafür müssen wir die Zusammenhänge verstehen, wie und warum sich Dinge überhaupt erst verändern, verbessern oder verschlechtern können. Sein Land zu verteidigen und im Krieg gegen die anderen zu kämpfen, kann gewiss keine Lösung sein. *Alle Menschen sind Teil der Zukunft und bilden ein energetisches Feld. Kämpfe ich gegen den „Feind", kämpfe ich gegen mich selbst.*

Stellen Sie sich vor, es ist Krieg und keiner geht hin. Krieg kann nur stattfinden, wenn es Kämpfer gibt. Fragen wir uns also, warum wir kampfbereit sind. Wäre das keiner, wie sollte Krieg stattfinden können? Nun, es gibt religiöse Fanatiker und Menschen die freiwillig hingehen, weil ihnen das Bewusstsein und die Erkenntnis fehlen, dass sie schlussendlich nur gegen sich kämpfen und sich selbst schaden werden. Sie kennen die Zusammenhänge nicht und sehen aus einer dogmatischen, dualen oder primitiven Sicht heraus einfach nur den Feind. Es gibt aber auch Maßnahmen, die den Menschen zum Krieg zwingen. Man würde ihn als Kriegsdienstverweigerer hinstellen und bestrafen, wenn er sich dagegenstellt. Da er nicht bestraft werden will, und Angst davor hat, geht er trotzdem hin. Es ist also die Angst vor der Bestrafung die ihn nötigen dort hinzugehen und nicht die Institution, die ihn dazu zwingen will.

Die Dinge sind selten so wie sie scheinen. Es braucht Mut um die Abläufe genauer zu betrachten und die Antworten darauf zu finden. Es ist ein anderes Sehen, als wir es bisher gewohnt waren. Der Mensch der Zukunft ist ein Mensch der auf Schuldzuweisungen verzichtet und erkennt, dass Wirkungen im Außen, immer nur einer inneren Ursache folgen können. Somit ist die Wirkung nur die automatische Folge einer Ursache, die wir meist unbewusst gesetzt haben. Wir sind uns dessen nicht bewusst, und anstatt uns dessen weiterhin nicht bewusst und stets heftigen Wirkungen ausgesetzt zu sein, sollten wir uns damit auseinandersetzen. Nicht mit der Wirkung, sondern mit uns selbst. Suchen wir die Schuldigen und Lösungsansätze, sowie Antworten auf unsere Frage nicht im Chef oder in der Kündigung, im Partner oder in der Trennung, in der Pleite oder in der Bank, in der Krankheit oder im Arzt, sondern erstmals in uns selbst. Die Fragen sollten sich immer auf uns selbst beziehen, ohne die äußeren Umstände mit einzubeziehen.

- *Warum verhalte ich mich in jeder Situation gleich?*
- *Warum kommen stets dieselben Muster und Programme hoch?*
- *Woher kommen diese Ängste?*
- *Was kann ich tun, um mich zukünftig anders zu verhalten?*

Wem die Welt egal ist und wer einfach wegsieht, verhält sich unmenschlich. Dies bedeutet aber nicht, sich in alles einzumischen und jede Nachricht zu verfolgen, sondern einfach Anteil am Leben zu nehmen. Wir alle sind miteinander vernetzt und sind in diesem System involviert und somit auch davon und voneinander abhängig. Eine Friedensdemonstration mitzumachen oder einer Spinne das Leben zu retten sind Aktivitäten, die durchaus gut sind. Doch wie ist es dazu gekommen, dass es Krieg gibt und warum hat sich die Spinne in unserer Wohnung verirrt? *Der Mensch erlebt etwas und betrachtet dieses Ereignis rationell.* Nehmen wir an, Ihnen hat der Partner die Beziehung gekündigt und nun versuchen Sie erstens zu verstehen, warum es passiert ist. Zweitens wollen Sie unbedingt die Beziehung retten. Drittens schmieden Sie bereist Pläne, wie Sie ihn zurückgewinnen können. Sie orientieren sich nach Außen und versuchen das Problem auch dort zu lösen. Dies ist bei Weltverbesserungsaktionen nicht anders.

Wir betrachten das Problem und es bieten sich Lösungsvorschläge an. Jetzt fragen Sie sich vielleicht, was das Partnerschaftsproblem mit dem der Welt auf sich hat? Nun, das emotionale Befinden sowie gedankliche Gut jedes Einzelnen beeinflussen die Welt. Die Aufmerksamkeit ist zu sehr auf die äußeren Probleme, den Menschen, die Ereignisse gerichtet. Anstatt nach innen zu sehen, betrachten wir die Problematik rein rationell. Natürlich kann man in der materiellen Welt Dinge verändern. Sie können einen Stuhl von rechts nach links stellen, damit er Ihnen nicht mehr im Weg steht. Das ist doch schon eine ganz annehmbare Lösung. Das mag sein, doch was auch immer Sie im Außen tun, es hat einen Grund warum es zu diesen Umständen gekommen ist. Wenn uns jemand beschimpft, dann sehen wir das als Ursache dafür an, dass es uns danach den ganzen Tag schlecht geht. Doch die wahre Ursache ist eine der zuvor gegangenen, uns unbewussten eigenen inneren Haltung, die die Ursache für diese Beschimpfung war, die demnach eine Wirkung ist. Was auch immer wir tun oder sagen, wenn wir dabei keine gute Gesinnung, positive Gedanken sowie innere Überzeugung haben, kommt nichts Gutes dabei raus. Probleme entstehen, weil wir vergessen haben, uns die Hintergründe anzusehen. Lieber irren wir in der Außenwelt herum und ignorieren das Innenleben.

Dass Außenwelt und Innenwelt zusammengehören und voneinander abhängig sind, scheinen wir vergessen zu haben. Für viele Menschen gibt es nur die Welt da draußen, ihren Körper und das war es schon. Na, wenn diese Sichtweise mal gut gehen kann. Probleme werden nur verlagert, wenn sie nur in der materiellen Welt gelöst werden. Sie werden so wie die Sessel hin und hergeschoben, doch gelöst wird nichts. Alles bleibt beim Alten und wenn Sie das nächste Mal andersrum marschieren, wird Ihnen der Sessel wieder im Weg stehen. Probleme kann man nur im Inneren lösen, indem man mit dem Herzen versteht, wie sie überhaupt erst entstanden sind.

Selbsterkenntnis für eine bessere *Welt*

KAPITEL 3

SELBSTERKENNTNIS FÜR EINE „BESSERE" WELT

Der Mensch der Zukunft braucht nicht gleich die Welt zu verändern. Als erstes hat er Nachholbedarf. Worin? Er sollte sich selbst besser kennen lernen. Nicht nur um sein Verhalten und seine Reaktionen besser zu verstehen, sondern dabei zu erkennen, dass sich die Welt ihm gegenüber nur so verhalten kann, wie er ihr gegenübertritt. Viele Menschen haben es verlernt, vergessen oder kommen einfach nicht auf die Idee, sich mit sich selbst auseinanderzusetzen. Allzu gerne wälzen Sie sich in ihren Problemen.

Doch das scheint den Kummer nicht wirklich zu verbessern. Ganz im Gegenteil, je länger er ein Problem mit sich herumträgt, umso schwerer wird es. Einfach so abstellen? Leichter gesagt als getan. Irgendwie hängt er in einem selbst erschaffenen Dilemma drin, dass es so eigentlich gar nicht geben müsste. Ändern wir nicht das Problem, sondern unsere Sichtweise dazu. Nur so wird es uns gelingen von Kummer befreit durchs Leben zu spazieren und es mit mehr Leichtigkeit zu erfahren. Erst dann wird uns auch die Welt Leichtigkeit spiegeln können. Wir können nicht erwarten, dass alles besser wird, wenn wir Dinge umstrukturieren, umschichten, erneuern, abschaffen, ergänzen, umpolen etc. Natürlich wird das Auswirkungen haben, doch es werden neue Probleme dazukommen.

Nur wenn wir wissen wie wir ticken, fühlen, denken und reagieren, können wir daran etwas ändern. Erst wenn sich das geändert hat, wird sich das auch im Außen, in der Welt, in unserem Leben widerspiegeln. Es ist ein großer Schritt, sich seinen Schwächen zu stellen und Unzulänglichkeiten sowie Unwissen zuzugestehen. Kein Mensch tut das gerne. Wenn es unangenehm wird, weichen wir aus oder sehen wir lieber weg. Eine menschlich sehr weitverbreitete Verhaltensform. Doch das bringt uns nicht weiter.

Der erste Schritt ist immer der schwierigste. Um zukünftig wirklich etwas zu verändern, sollten wir uns eingestehen, dass wir nicht perfekt sind. Es gibt keine perfekten Menschen. Keiner ist besser, sondern einfach nur anders.

Folgende Fragen werden Ihnen dabei helfen, sich selbst besser kennenzulernen und vor allem sich verstehen zu können. Dies ist wichtig und unumgänglich, weil Änderungen nur dann in die Wege geleitet werden können, wenn wir die Ursache und deren Abläufe wirklich erkannt haben. Seien Sie beim Beantworten der Fragen ehrlich. Sich selbst anzuschwindeln bringt Sie nicht weiter. Wenn die Fragen unangenehm werden, dann beobachten Sie Ihre Gefühle. Lassen Sie diese einfach da sein, ohne sie zu bewerten.

Versuchen Sie auch nicht dagegen anzukämpfen. Es ist gut wenn Gefühle hochkommen. Dies zeigt Ihnen, wo Sie mit sich nicht im Reinen sind. Was auch immer Ihnen einfällt, halten Sie es fest. Auch wenn es Ihnen unpassend oder unwichtig erscheint, schreiben Sie es auf. *Der Verstand kann nicht wissen, wozu die Antwort nützlich ist und warum sie aus Ihnen aufsteigt. Sie ist einfach da!*

Ihre Antwort ist immer lehrreich. Die Fragen sind so aufgebaut, dass Sie etwas bewegen und unterschwellig wirken. Versuchen Sie nichts zu verstehen und es nicht besonders gut zu beantworten. Mit Spontaneität und Neugier klappt es ganz gut. Alle Erkenntnisse sind ein Geschenk, die Ihre Seele bereichern und in Ihrem Herzen etwas bewegen werden. Bewegt sich Ihr Herz, bewegt sich das Innere und als Folge wird sich diese Bewegung ins Leben übertragen. Ihr Leben ist Teil dieser Welt und trägt dazu bei, wie sich die Welt gestaltet und zeigt. Dies sollte kein Mensch aus den Augen verlieren, da es immer uns alle betrifft.

Alles was geschieht hat seinen Ursprung im Inneren. Die äußere Umwelt kann nur Ihre innere Einstellung und Sichtweise spiegeln. So wird die Welt zu dem, wie wir sie sehen und spiegelt uns unsere Wesensart.

Bevor Sie nun mit den Fragen beginnen. schließen Sie kurz die Augen. Lassen Sie diese Worte auf sich wirken und fühlen Sie das, was sie in Ihnen bewirken und auslösen.

Überprüfen Sie Ihre Sicht zu folgenden Fragen:

Wie sehen Sie die Welt?

_____

_____

Wie sehen Sie sich zukünftig? Wohin wollen Sie sich entwickeln? Was wollen Sie ändern?

_____

_____

_____

_____

_____

Was sind Ihre Pläne, Visionen und Ziele?

- Familie _____

_____

- Beziehung

_____

_____

- Beruf

_____

_____

- Geld/Finanzen

  _____

  _____

- Körper/Gesundheit

  _____

  _____

- Psyche

  _____

  _____

- Weitere Vorhaben:

  _____

  _____

  _____

  _____

Wie sehen Sie sich als Mensch?

_____

_____

_____

Überprüfen Sie Ihre Gedanken zu folgenden Fragen:

Wie denken Sie über sich?

_____

_____

_____

_____

Haben Sie Angst vor der Zukunft? _____

Warum denken Sie darüber nach? _____

Sind Sie sich darüber bewusst, dass Bewusstsein, Ihre gesamte Haltung und die Form Ihrer Gedanken, Ihr Leben kreieren?

_____

Haben Sie die letzte Zeit einmal versucht, das Beste aus Ihrer Lebenssituation zu machen, anstatt nach Lösungen zu suchen?

_____

Können Sie sich vorstellen, sich mit dem Augenblick auszusöhnen, anstatt etwas zu hoffen oder zu wünschen was eventuell ein Wunsch bleiben wird?

_____

Fällt es Ihnen schwer, im Augenblick zu sein und Ihren Gedanken keine Aufmerksamkeit zu schenken?

_____

_____

Wie denken Sie allgemein über die Menschen in Ihrem näheren Umfeld? Wie nehmen Sie sie wahr? Welchen Bezug haben Sie zu ihnen? (Sind mir egal. Manche kann ich nicht verstehen. Ich helfe gerne etc.)

_____

_____

_____

_____

Nennen Sie mindestens 5 Eigenschaften oder Merkmale einer bestimmten Person im näheren Umfeld, mit der sie immer wieder Konflikte haben oder die an Ihrem Nervenkostüm zerrt.

1. _____

2. _____

3. _____

4. _____

5. _____

Was denken Sie über diesen Menschen. Denken Sie, dass er seine Lebenssituation gut meistert? Wenn ja, warum?

_____

_____

_____

_____

_____

Denken Sie, dass diese Person irgendetwas falsch macht? Wenn ja, was?

_____

_____

_____

_____

_____

Denken Sie, dass diese Person etwas besser machen könnte? Wenn ja, was?

_____

_____

_____

_____

_____

Nachdem Sie Ihre Gedanken über diese Person festgehalten haben, lesen Sie sich Ihre Antworten noch einmal durch.

Glauben Sie, dass diese Person tatsächlich so ist? _____

Könnte es sein, dass die Person ganz anders ist, als Sie es sich denken?

_____

Wenn Sie das Gefühl haben, dass diese Person etwas besser machen könnte, glauben Sie, dass es Ihnen zusteht, darüber zu urteilen?

_____

Ist es nicht etwas hochmütig zu glauben, was für den anderen besser wäre oder was er anders machen könnte?

_____

Können Sie wissen, dass es nicht genau diese Erfahrungen sind, die für diesen Menschen gerade richtig sind, auch wenn sie für Sie „schlecht" erscheinen?

_____

Was denken Sie sich jetzt? Sind Ihnen diese Fragen unangenehm? Wenn ja, versuchen Sie auszuweichen?

_____

Überprüfen Sie Ihre Gefühle zu folgenden Fragen:

Gehen Sie in dieses Gefühl hinein und spüren Sie es ganz intensiv. Wie fühlt es sich an?

_____

Schaffen Sie es, es aufrecht zuhalten, ohne es loswerden zu wollen?

_____

Wehren Sie sich dagegen?

_____

Halten Sie Wut, Zorn, Enttäuschung zurück oder können auch Tränen fließen?

_____

Wenn Sie auch eine bessere Zukunft wollen

KAPITEL 4

Stellen Sie sich nicht vor, wie es weiter gehen könnte, sondern lassen Sie es an sich herankommen. Sie können dem Leben nur neutral begegnen, wenn Sie Situationen, Menschen und Begegnungen nicht zuvor bewerten und einem Schema zuordnen.

Wollen Sie eine schöne Zukunft? Dann denken Sie nicht über eine schlechte nach!

Urteilen, bewerten und verurteilen Sie nichts und niemanden. Auch nicht sich selbst!

Halten Sie sich mit Äußerungen und Vermutungen zurück.

Entscheiden Sie aus dem Herzen und aus dem Bauchgefühl heraus. Verstandesentscheidungen sind nicht die besseren. Vielleicht sind sie vernünftiger, doch ein Leben sollte nicht zu strukturiert, organisiert und verplant ablaufen. Es wäre dumm eine Richtung vorzugeben, wo sich diese ja erst entwickeln kann.

Deshalb: Planen Sie so wenig wie möglich und treffen Sie die Entscheidungen immer spontan und in dem Moment, wo sie anstehen.

Besser eine Entscheidung zu viel, als eine zu wenig. Auch wenn sie im Nachhinein falsch war, Sie können nur daraus lernen.

Tun Sie das, wonach Ihnen ist und nicht das, was sie laut Verstand oder auf Grund anderer Meinungen tun sollten.

Nehmen Sie sich nicht vor, zu versuchen etwas besser zu machen, sondern machen sie es besser. Mit dem Wort „versuchen" zweifeln Sie daran es zu schaffen und verhindern, dass es überhaupt möglich ist. Ihr Denken entscheidet darüber, ob es möglich sein wird. Der Zweifel wird es verhindern. Sätze wie „Ich habe ja gleich gesagt, dass ich es nicht schaffe" sind kindisch. Wenn Sie so denken, ist es bereits gescheitert, bevor irgendetwas geschehen kann.

Sie können viel! Sie können viel mehr, als Sie glauben. Es sind die Zweifel und Ihre negativen Gedanken, die Sie daran hindern etwas umzusetzen.

Wenn einmal etwas nicht klappt, dann wagen sie den nächsten Versuch. Bleiben Sie nie stehen und lassen Sie eine Situation nicht einrosten. Und vor allem: stagnieren Sie nicht. Wer sich nicht bewegt, dessen Leben wird sich auch nicht bewegen. Wie soll sich die Welt positiv bewegen, wenn sich die Mehrzahl der Menschen in negativen Gedankenfeldern oder erst gar nicht bewegen?

Erwarten Sie nichts und setzen Sie niemals etwas voraus. Wer Erwartungen stellt, der wird mit Enttäuschungen rechnen müssen. Sie brauchen weder hoffen noch erwarten, sondern den Augenblick so nehmen wir er ist. Wer hofft wird enttäuscht werden.

Wer allem seinen Lauf lässt, kann sich über Überraschungen freuen und wenn etwas nicht ganz so positiv läuft, ist es halt so. Dies bedeutet nur, dass es nicht sein soll und anderes Vortritt hat.

Auf der Suche nach der Ursache

KAPITEL 5

Jeder einzelne kreiert seine Zukunft selbst. Natürlich geschieht dies unbewusst, weil wir uns nicht bewusst sind, was unser Verhalten und unsere Gedanken, Worte und Taten tatsächlich bewirken. Aber mehr dazu später. Gehen wir online, finden wir unzählige Seiten, die sich der Zukunft einer besseren Welt verschrieben haben. Auch in Zeitungen ein brisantes und interessantes Thema, das irgendwie jeden interessiert, weil grundsätzlich kein Mensch gegen eine bessere Zukunft ist. Zeit für Veränderungen! Aber wann genau kommt die? Interessant ist, dass eine Mehrzahl aller Artikel, Berichte, Blogs etc. mit Vorschlägen und Visionen aufwartet, die der Welt „helfen" sollten. Die Zukunft soll anders aussehen, vor allem besser! Aber, warum ist die Welt erst in so eine Lage gekommen? Wieweit sind wir dafür verantwortlich und was können wir wirklich tun? Hat uns die Welt um Hilfe gebeten?

Wir gehen davon aus, dass alles eine Ursache hat. *Das Problem daran ist, dass das, was wir als Ursache vermuten, meist nicht die Ursache ist. Die wirkliche Ursache sitzt tiefer und kann nicht in der Welt ihren Ursprung haben.* Es stellt sich die Frage, warum ist es eigentlich so wie es ist? Wie konnte es dazu kommen, dass vieles aus den Fugen geraten ist. Immer mehr Menschen geht es schlecht. Nicht nur körperlich oder psychisch, auch finanziell bewegen wir uns in eine Richtung, wo die Mittelschicht sich aufzulösen scheint. Irgendwann gibt es nur noch die Reichen und die Armen, wobei die Armen in der Mehrheit sein werden. Unzählige Faktoren spielen hier mit ein und auch wenn wir die alle wüssten, es würde nichts daran ändern, dass es bleibt wie es ist, sich eher noch verschlechtern wird. Der Mensch hängt in einer Sichtweise fest, die ihn glauben lässt, dass die Ursachenfindung das Problem beheben könnte. Er ist Meister im Analysieren und Spekulieren und schießt mit diesen Vermutungen an der Wirklichkeit vorbei. Noch interessanter als die Frage nach der Zukunft der Welt, ist die Frage nach der Wirklichkeit, die die Welt am Leben erhält. Die Zukunft ist das, was der Mensch heute sät. Nehmen wir an, die Ernte eines Bauern war schlecht. Nun könnte er Überlegungen anstellen, wie es dazu gekommen ist. Dies wird zwar nicht mehr bringen, als wertvolle Zeit zu vergeuden, doch lassen wir uns einfach kurz darauf ein, so wie wir es in unserem Leben ständig tun. Also: Was hat der Bauer falsch gemacht? War die Aussaat nicht gut genug? Hat er schlechtes Korn gekauft? Hat er zum falschen Zeitpunkt gesät? War das Wetter schuld? Vielleicht war es von allem ein bisschen, doch auch wenn wir weiter überlegen, die Ernte bleibt schlecht. Was wir bei diesen Fragen bemerken, Sie beziehen sich lediglich auf Handlungen, Umstände, Personen und bestimmte Einwirkungen von außen. Warum wird das Innenleben des Bauern nicht mit einbezogen? Gute Frage. Vielleicht weil wir es gewohnt sind, Schuld, Antwort und Lösungen in den Situationen und bei den anderen zu suchen?

Wagen wir den Versuch und fragen wir einmal anders als sonst. War das Gemüt des Bauern zur Zeit der Aussaat gut? Wie denkt er über seine Aufgabe? Will er überhaupt Bauer sein? Führt er seine Arbeit mit Widerwillen aus? Vielleicht hat er befürchtet, dass die Ernte schlecht ausfallen könnte. Vielleicht hatte er Angst vor dem Ergebnis? Wie denkt er über sich und die Welt? Wie ist seine Gesinnung? Wenn wir denken, dass diese Fragen überflüssig sind, dann haben wir uns getäuscht. All das kann mehr Einfluss auf die Ernte als das Wetter haben. Wenn wir innerlich ein Problem haben und uns in unserer Haut nicht wohl fühlen, unseren Job nicht gerne machen, schlechte Erwartungen hegen, negativen Gedanken Raum geben und uns mehr zur Materie als zur Seele hingezogen fühlen, dann wird sich das im Leben zeigen. Die Ernte kann dadurch schon einmal schlecht ausfallen. Es kann sich aber auch etwas ganz anderes ereignen.

Die scheinbare Ursache in der Umgebung ist eher eine Wirkung, die wir durch unser Verhalten unbewusst verursacht haben. *Was auch immer in der Umgebung der Auslöser für ein Problem ist, bleiben wir nicht darin stecken. Beziehen wir unser ganzes Wesen mit ein und betrachten wir unseren Bezug zu dieser Sache. Das wird uns ein großes Stück weiterbringen!*

Nur nicht in der *Thematik* stecken bleiben

KAPITEL 6

NUR NICHT IN DER THEMATIK STECKEN BLEIBEN

Die Medien die ich zum Anfang des vorigen Kapitels erwähnt habe, bleiben zu 98% in der Problematik stecken. Dort wird unstrukturiert geblättert, gesucht, ausgeschlachtet usw. Was bitte soll das bringen? Wenn es um die Zukunft, um die Verbesserung der menschlichen Lebensumstände und Weltverbesserung geht, scheint es nicht anders zu sein. Man sucht nach Lösungen. Man sucht dort, wo sie nicht sein können und bemerkt es nicht einmal. Es fehlt eine tiefere Sicht, die sich nicht nur mit der Sache beschäftigt, sondern den Ablauf mit einbezieht, der die Sache entstehen ließ. Nun sind diese Abläufe ziemlich undurchsichtig und mit Logik nicht zu erfassen. Da es wahrscheinlich fast 99% noch nie anderes gemacht haben und den Verstand als einziges Instrument für Ihre Nachforschungen, Meinungen und Einsichten verwendet haben, werden die Ergebnisse oberflächlich bleiben.

Der Verstand kann nur an der Oberfläche kratzen, in die Tiefen gelangt er nicht. Es wird also weiterhin bei Spekulationen und Vermutungen bleiben.

Wüssten die Menschen, warum die Dinge so sind, wie sie sind oder wie das ganze „System hinter der Welt" funktioniert, dann gäbe es ja auch die ganze Problematik nicht, in der wir uns wälzen. Wir würden uns anders verhalten und durch eine andere Sicht, würde die Welt in neuem Glanz erstrahlen.

Neue Zürcher Zeitung (20. September 2012)
In eine bessere Welt investieren
Für die Bewältigung sozialer und ökologischer Herausforderungen sind neben caritativen Initiativen auch unternehmerische Ansätze nötig. Die Lösung heißt Impact-Investing, und sie zeigt, dass Gutes zu tun und damit Geld zu verdienen sich nicht ausschließt.

Dies ist ein Artikel, in dem durchaus wertvolle Vorschläge unterbreitet werden. Sie bleiben aber stets in der Thematik stecken und aus diesem Grund habe ich den Ausschnitt auf ein paar Zeilen beschränkt. Massenmedien versäumen es, die Thematik ganzheitlich zu betrachten. *Warum werden geistige Aspekte ignoriert? Ist Geist nicht der Ursprung und Verursacher aller Dinge? Warum schließt man ihn aus?* Ich tippe darauf, dass es keine Ignoranz sondern Unkenntnis ist. Das Sichtbare scheint das Wichtigste zu sein und zu bleiben. Wie es zu etwas kommt, wie Dinge funktionieren und was die Welt überhaupt am Laufen hält, scheint tatsächlich nebensächlich zu sein. Ob es Hochmut ist, dass ein Verlag oder eine Zeitung voraussetzt, dass tiefere Einblicke auf das Wesentliche den Leser nicht interessieren oder es eher die Angst ist, Leser zu vergraulen, die die Wahrheit nicht hören wollen, kann jeder für sich selbst entscheiden. Bevor man über die Wahrheit schreibt, muss man sie selbst erfahren haben. Wie viele Menschen lassen sich so intensiv auf das Leben und auf sich selbst ein? Es ist sogar noch mutiger, als sich „nur" auf das materielle Leben einzulassen.

Es gibt aber Menschen, die sehr wohl erkannt haben, dass es ein Umdenken geben muss, um wirklich etwas zu verändern.

Allgemeine Erklärung der Menschenpflichten (September 2012)
Vorgeschlagen vom InterAction Council
Der vorliegende Entwurf einer allgemeinen Erklärung menschlicher Pflichten versucht Freiheit und Verantwortung in ein Gleichgewicht zu bringen und ein Umdenken zu bewirken, von der Freiheit der Indifferenz hin zur Freiheit des Engagements (www.weltethos.org).

Doch auch das Umdenken alleine reicht nicht aus. Demnach braucht es eine neue Art des Wahrnehmens, des emotionalen Erfassen und des intuitiven Handelns. Folgende Internetseite hat dies z.B. wunderbar mit einbezogen:

Für eine bessere Welt
Menschen, Aktionen, Organisationen und Visionen

Idealisten, Aktivisten und Querdenker sind verträumte Spinner, Querulanten, unrealistische Gutmenschen? Das stimmt nicht! Menschen können tatsächlich unsere Welt verändern und zwar zum Besseren! Das müssen nicht immer die ganz großen Lösungen, spektakulären Aktionen oder außergewöhnlichen Konzepte sein. Nein, viele kleine Schritte können sich zu großen Umwälzungen addieren: Zunächst in der Geisteshaltung vieler Menschen, dann in ihren Handlungen und schließlich in der Veränderung von Politik und Gesetzgebung (www.fuereinebesserewelt.info).

Wir sollten die Welt erst einmal als das erkennen, was sie tatsächlich ist. Die Welt kann nicht getrennt von uns existieren. Wenn wir keine Sinne hätten, könnten wir sie nicht wahrnehmen. Also sind es die Sinneswahrnehmungen, die die Welt vor unseren Augen erscheinen lässt. Also bedingt der Mensch die Welt und umgekehrt. Eines kann ohne das andere nicht sein. Wer würde die Welt als Welt bezeichnen, wenn es der Mensch nicht täte und es ihn nicht gäbe? Wo wäre dann die Welt?

In den späten Neunzigern gab man Menschen, die einen bewussten Lebensstil an den Tag legten, die Bezeichnung LOHAS (nach engl. Lifestyles of Health and Sustainability). Die LOHAS, Naturliebhaber und Konsumenten von ökologischen und nachhaltigen Lebensmitteln von Bioläden oder Biosupermärkten, sind gesundheitsbewusst und denken zeitgemäß. Hier wurde eine Menschengruppe mit einem Namen benannt und einer spezifischen Gruppe zugeordnet, was im Nachhinein den Verdacht schöpfte, dass dies nur ein Versuch war, dem Konsumismus ein neues, zeitgeistkonformes Image zu geben.

Kulturwissenschaftler Nico Stehr hingegen sprach sich für diesen „Moralisten" aus. *„Ein globaler Trend, der durch die gute Vernetzung und eine gewisse Konsumeigenschaft, sowie Verzicht, Druck auf die Industrie ausüben könne (frei zitiert)."* LOHAS sind und bleiben unbestritten Menschen der neuen Generation, Menschen der Zukunft. Doch muss man diese benennen? Müssen Hunde die gerne Chappi essen „Chippis" und Katzen die Whiskas ablehnen „Shebis" genannt werden? Gott sei Dank ist noch niemand auf diese absurde Idee gekommen. Ich hätte es nicht niederschreiben sollen. Wer weiß, was noch alles auf uns zukommt. Wir können jedenfalls ganz gut ohne eine Benennung leben und ob Sie nun ein LOHA sind oder nicht, eines steht fest: Sie tragen, so wie wir alle, ein Potential in sich, dass die Zukunft besser, schöner, gesünder, menschlicher und natürlicher gestalten kann. Veränderung beginnt in uns und was auch immer wir im Außen bewegen, es kann nicht ohne seinen ursprünglichen Antrieb existieren.

- *Der Mensch der Zukunft ist liebevoll.*
- *Der Mensch der Zukunft ist menschlich.*
- *Der Mensch der Zukunft ist klar.*
- *Der Mensch der Zukunft ist achtsam.*
- *Der Mensch der Zukunft ist wach.*
- *Der Mensch der Zukunft ist dynamisch.*
- *Der Mensch der Zukunft ist interessiert.*
- *Der Mensch der Zukunft ist gleichmütig.*
- *Der Mensch der Zukunft ist voller Freude.*
- *Der Mensch der Zukunft ist weitsichtig, einsichtig und umsichtig,*
- *Der Mensch der Zukunft ist.*

Wissen wir zu viel?

KAPITEL 7

WISSEN WIR ZU VIEL?

Wir alle haben bereits erkannt, dass das gewohnte und festgefahrene Weltbild unserer Konsumgesellschaft uns immer wieder in eine Sackgasse führt. Wer Verlangen nach einem tieferen und spirituellen Lebensweg spürt, hat sich sicher schon mehrmals gefragt, wie es sich im alltäglichen Leben integrieren lässt. Spirituell zu leben bedeutet nicht, das bestehende Leben damit auszuschmücken und zu erweitern, sondern bei allen Tätigkeiten sowie im gesamten Alltag, eine spirituelle Haltung einzunehmen. Es geht nicht darum was wir erleben und erreichen, sondern wie wir durch das Leben gehen.

Wenn wir unser Weltbild ändern, wird sich das auch auf unsere gesamte Umwelt auswirken. Neu ist diese Erkenntnis nicht, dennoch tappen viele Menschen im Dunkeln. Es bleibt unklar, wie man das anstellen soll. Es mag sein, dass jeder Mensch die Welt unterschiedlich wahrnimmt, doch welche Sicht ist richtig? Und können wir alt eingefahrene Denkweisen und Gewohnheiten ändern? Alles ist Bewusstsein. Alles schwingt. *Der Mensch wird dazu aufgerufen zu Bewusstsein zu kommen und sich als das höchste Ich zu erkennen.* Doch wie mach ich das? Was ist zu tun? Kann man dort einfach so hinein spazieren? Da es nicht sichtbar ist, wie kann ich es fühlen? Welche Voraussetzungen braucht es?

Praktische Anleitungen reichen hier nicht aus. Vielmehr geht es um Informationen, die wahrhaftig transformierend sind. Wir alle sind Suchende und noch nicht am Ende unseres Weges angekommen. Unsere Reise ist vielschichtig und abwechslungsreich. Alles begann damit, dass wir uns einst von unserem eigentlichen Wesen abgewendet haben. Irgendwie haben wir unsere wahre Aufgabe aus den Augen verloren. Wenn der Mensch damit beginnt, nach dem wahren Glück Ausschau zu halten, verändert sich sein Weltbild. Der Wille allein reicht hier nicht aus. Eine innere Bereitschaft ist Voraussetzung dazu, den Zugang nach innen wieder herzustellen, wo alle Antworten auf unsere Fragen vorhanden sind. Alle Informationen sind in dem Bewusstseinsfeld abgespeichert und können jederzeit abgefragt werden. Warum das kaum jemand tut oder kann? Weil wir fast ausschließlich dem materiellen und sinnlichen Glück hinterherlaufen, anstatt uns mit dem wahren Glück zu beschäftigen. Es ist nichts Schlimmes daran, die schönen Dinge des Lebens zu nutzen. Doch sollten sie nicht im Vordergrund stehen. Ob Sie nun 10 Häuser und 20 Autos haben, spielt keine so große Rolle. Wichtig ist, dass Sie keine Bindung dazu entwickeln. *Wer an Objekten anhaftet, ist nicht frei. Frei sein kann man auch, wenn man vieles hat, es aber nicht besitzen will. Wer morgen alles was er hat abgeben kann und noch genauso glücklich ist, ist wirklich frei.* Doch wie gelangen wir zu dieser Freiheit? Wie erfahren wir Glück? Liegt es vielleicht daran, dass wir nicht wissen wo das wahre Glück liegt und wie wir uns ihm öffnen sollen?

Wir wissen, dass es in uns ist. Dass es weder sichtbar noch greifbar ist macht die Sache nicht leichter. Um Spiritualität nach und nach in unseren Alltag zu integrieren, braucht es eine gewisse Weisheit, die der Oberflächlichkeit weichen muss. Weisheit bekommt man nicht nur mit dem Alter, sondern auch wenn man sich dem wahren Leben und sich selbst zuwendet.

Wir wissen alles über unser Leben. Über das der anderen wissen wir auch sehr viel. Vielleicht mehr als über unser eigenes? Wir wissen was auf der Welt geschieht, was für den anderen das Beste ist, was von uns erwartet wird und noch vieles mehr. Wir kennen unseren Körper und seine Schwachstellen. Wir wissen, dass uns Bewegung gut tun würde und welche Nahrung und Lebensweisen wir nicht vertragen, trotzdem ignorieren wir es. Wir wissen über all das, was die Sinne berührt und bewegt, sehr viel, doch das ist herzlich wenig.

Was wissen wir über unsere Gedanken, Gefühle und Verhaltensweisen? Wir wissen, dass wir sie haben, doch was sind sie wirklich? Inwieweit beherrschen sie unser Leben? Wir glauben uns zu kennen, doch tun wir das wirklich? *Wir kennen ja nicht mal uns selbst. Wir wissen nicht wer wir sind. Wir wissen nicht was Wirklichkeit ist. Wir wissen eigentlich nur diese Dinge, die uns gar nicht von Nutzen sind.* Wir wissen viel und haben viel gelernt, doch dieses Wissen steht uns auf dem Weg zu uns selbst im Weg. Also am besten werfen wir das ganze angelernte Wissen über Bord, damit wir uns unbefangen und frei von Vorurteilen dem Leben stellen können. Das angeeignete Wissen ist für die Selbsterkenntnis wertlos. Das wertvollste Wissen ist zu wissen, was wir sind. Sich dieser Erkenntnis zu widmen, verändert das Leben und in Folge die Zukunft der Welt. Wann also beginnen wir damit uns mit uns auseinander zu setzen? Ich spreche nicht von dem Ich als Person, sondern von unserem wahren Ich als höchstes Selbst! Beginnen Sie am besten gleich damit und setzen Sie den Verstand nur zielgerichtet und willkürlich ein, damit er Ihnen Ihre Suche nicht unnötig erschwert.

Auf dem Weg zu sich selbst:

Durch bewusstes

Hier-Sein

die Zukunft formen

KAPITEL 8

1   In der Zeitlosigkeit existiert weder Vergangenes noch Zukünftiges. Sie können jetzt in diesem Moment, in die bewusste Erfahrung Ihrer natürlichen Vollkommenheit eintreten, indem Sie das, was Sie gerade tun, mit vollem Einsatz, mit Freude und mit Hingabe tun. Dann geschieht etwas Wunderbares. Von einem Augenblick zum anderen sind Sie ganz Sie selbst und schaffen sich somit auch einen Zugang zu Ihrer wahren Identität. Die körperliche Anwesenheit des persönlichen Ichs reicht nicht aus. Dieses Hier-Sein bedeutet nämlich ganz und gar anwesend zu sein und alle Gedanken vorbeiziehen zu lassen. Wer nachdenkt ist nicht im Augenblick, sondern dort wo er die Gedanken hinlenkt.

Schließen Sie die Augen und spüren Sie in sich rein. Wie ist Ihr Herzschlag? Wie nehmen Sie ihn wahr? Wie nehmen Sie sich wahr? Atmen Sie bewusst und entspannt und verfolgen Sie das Vorgehen in Ihrer Brust ganz genau. Wie sich die Brust hebt und senkt und wie Sie ausatmen und einatmen. Gedanken die kommen, lassen Sie vorbeifliegen und geben ihnen keine weitere Aufmerksamkeit mehr. Spüren Sie den Augenblick, dem Zeit sowie Zukunft noch nie begegnet sind.

2   Bevor der Mensch zu sich selbst erwacht, begeht er viele Wege. Irrwege und Sackgassen stehen an der Tagesordnung, doch auch diese bergen wertvolle und erkenntnisreiche Erfahrungen in sich. Auf dem Weg zu sich selbst kann man auch Hilfsmittel nutzen. Es ist nur wichtig, nicht darin stecken zu bleiben. Eine Möglichkeit, um den Zugang zu sich zu weiten, ist die Kraft der Aufmerksamkeit zu nutzen.

Wo Sie Ihre Aufmerksamkeit hinlenken, wird sich die Energie verdichten und verstärken. Deshalb ist es wichtig ganz bewusst daran zu denken, welche Qualität die Gedanken haben. Wo denke ich hin? Was denke ich? Wir haben Gedanken, aber sind wir die auch? Denken Sie einmal darüber nach, anstatt sich um etwas zu kümmern, was noch gar nicht eingetroffen oder schon längst wieder vorbei gezogen ist.

3   Und wie geht es weiter? Sie haben in jedem Augenblick die Möglichkeit, sich neu zu erfinden. Das wird Ihr Leben gestalten und Ihrer Zukunft eine neue Form verleihen. Wenn Sie Ihre Aufmerksamkeit gezielt auf diesen Augenblick richten, treten Sie in die bewusste Erfahrung des Hier-Seins ein. So können Sie Ihre Aufmerksamkeit aber auch gezielt in gewisse Richtungen lenken. Mit der Vorstellung, dem Imaginieren, errichten Sie für ein Ereignis ein Fundament, auf dem es sich manifestieren kann.

Indem Sie sich Ihr realistisches Ziel in allen Details vorstellen, folgt das dazugehörige Gefühl, der Erfüllung. Es sollte sich so anfühlen, als wäre es bereits geschehen. In Ihrer Vorstellung ist es das auch und deswegen sollte es sich in der Empfindung, beim Eintreten des tatsächlichen Ereignisses, nicht unterscheiden. Es ist bereits Wirklichkeit. Dies sollten Sie auf allen Ebenen erleben und Ihr Wunsch kann sich realisieren.

4   Das Jetzt verfügt über keine bestimmte Zeitspanne. Es hat keine Dauer, weil es aus der ewigen Gegenwart heraus absolut zeitlos ist. Losgelöst von der Zeit, lebt es sich am besten. Wer die Zeitlosigkeit betritt, empfindet das Leben intensiver. Der Alltagstrubel schafft es immer wieder, uns aus dieser Zeitlosigkeit herauszukatapultieren. Man könnte aber auch sagen, durch ihn schaffen wir es kaum, uns dieser Zeitlosigkeit anzunähern, geschweige denn sie bewusst zu erfahren.

Schaffen Sie sich einen Raum, wo Sie im Hier und Jetzt sein können.

Sorgen Sie für ein Zimmer, einen Ort etc. wo Sie mindestens einmal am Tag für eine ganz kurze Zeit mit sich alleine sein können. Dies kann im Sommer, der Baum hinter einer Lichtung sein. Es kann auch das Auto sein, wenn Sie sonst nirgendwo Ruhe finden. Hier können Sie sogar die Musik etwas lauter aufdrehen, ohne die Nachbarn zu stören. Oder wie wäre es mit dem Werkzeugschuppen und im Notfall auch die Badewanne. Versuchen Sie nichts. Tun Sie nichts. Sitzen Sie einfach nur still da und lauschen Sie in sich hinein. Sehen Sie es nicht als Meditation an, denn wenn Sie bewusst still sein wollen, stehen Sie sich selbst im Weg. Versuchen Sie nicht Stille zu erzeugen, sondern seien Sie einfach ruhig. Beachten Sie weder Ihren Atem noch Ihre Gedanken. Lassen Sie alles so sein wie es ist. Es ist okay. Alles andere wird sich bei regelmäßigem Ausüben ganz von selbst ergeben.

5

Es gibt Tage, an denen haben wir das Gefühl, dass gar nichts klappt. Alles läuft schief. Wir fühlen uns nicht gut und irgendwie scheinen wir mit dem falschen Fuß aufgestanden zu sein. Zumindest glauben wir, dass das so ist. Wenn es einmal gar nicht gelingt, brauchen wir auch nichts zu tun. Seien Sie im Augenblick und beobachten Sie Ihre Emotionen.

Jeder Augenblick enthält eine ganz besondere Chance, auch wenn er sich nicht gut anfühlt. Achten Sie auf die energetische oder emotionale Botschaft dieses Augenblicks. Was fühle ich? Was kommt hoch? Wodurch wurde es ausgelöst? Habe ich es häufiger? Welches Muster steckt dahinter? Erkenne ich da nichts, schaue ich es einfach solange an, bis es ganz intensiv geworden ist. Kann ich das überhaupt? Wehre ich mich dagegen? Solche Momente fühlen sich nicht gerade gut an. Doch sie sind besonders wertvoll. Sie können sich bei dieser Gelegenheit, die es ja sehr oft gibt, besser kennenlernen. Je besser Sie sich kennen, umso einfacher wird es sein, sich fallen zu lassen. Es stehen so viele Verhaltensformen, Meinungen und Gewohnheiten zwischen uns und der Wirklichkeit, dass es nicht schadet, sie endlich aufzudecken. Auch wenn es unangenehm ist. Trauen Sie sich! Es wird sich lohnen!

6   Und wie geht es weiter?
Wenn Sie erkannt haben welche Reaktionen, Sichtweisen und Gefühlsmuster in Ihnen hochsteigen, gehen Sie nicht auf Abwehr. Jetzt ist alles andere dran, als auszuweichen oder nach Lösungen zu suchen, wie Sie dieses Gefühl loswerden könnten. Sich der Emotion stellen, heißt es jetzt! Auch wenn sie noch so unangenehm ist. Lassen Sie das Gefühl weiterhin zu, es darf auch stärker werden. Wenden Sie sich jetzt wieder sich selbst zu und schalten Sie ab. Gedanken aus, Kerze und Musik an. Dies nur als kleine Inspiration. Beobachten Sie nun das Gefühl. Was macht es mit Ihnen? Wie fühlt es sich an? Verändert es sich? Bleibt es gleich? Beobachten Sie einfach und wenn es länger als eine halbe Stunde andauern sollte, nehmen Sie es in den Alltag mit, bis es von selbst abgeklungen ist. Wenn Sie es unterdrücken oder sich mit irgendeiner Tätigkeit ablenken, mag sich das kurzfristig besser anfühlen, aber es kommt wieder. Deswegen ist es besser sich dem gleich zu stellen und keine Abwehrhaltung einzunehmen. Ein guter Film ist eine perfekte Ablenkung. Doch wenn er vorbei ist, dann sind Sie gleich weit wie vorher. Nicht verdrängen, sondern sich stellen, lautet die Devise.

7   Solange Sie leben, können Sie *Ihr Leben mit all seinen Inhalten* wie Gedanken, Gefühle, Umstände und Worte jederzeit ändern. Auch die Zukunft kann geändert werden, doch die ändert sich ganz von selbst, wenn Sie Ihr Leben *mit all seinen Inhalten* ändern. Ihr Leben ist Ihre Entsprechung. Das heißt, das Leben entspricht Ihnen immer. Sie haben immer den richtigen Partner, die richtige Arbeitsstelle, tun immer das Passende und erleben immer die richtigen Situationen. Wieso? Weil all dies ohne sie nicht existieren könnte. Das heißt, Sie haben es in Ihr Leben gerufen. Und wie? Durch Ihr Verhalten und Ihre ganze Persönlichkeit. Meist verhalten wir uns verhalten. Das ist ein Problem. Der Mensch ist irgendwie zu.

Um uns wieder zu öffnen, sollten wir in die Natur gehen. Die Natur lebt uns Fülle, also Erfüllung vor. Beobachten wir nur die Knospen, wie sie sich öffnen und dem Licht zuwenden. Alles wächst Richtung Licht. Die

Natur gibt sich hin. Das Gras wiegt sich im Wind und lebt wie alles in der Natur, in Eintracht und Harmonie mit dem Wechsel der Jahreszeiten. Gehen Sie so oft wie möglich raus. Durchwandern Sie die Fülle der Schönheit die Sie umgibt. Fühlen Sie den Wind. Legen Sie sich auf den Boden Fühlen Sie die Erde. Betrachten Sie Steine. Beobachten Sie die Insekten. Lauschen Sie dem Wind. Atmen Sie die Waldluft. Streicheln Sie das Moss. Gehen Sie Barfuß. Vielleicht auch im Winter?

Den Augenblick erfüllen

KAPITEL 9

Fühlen Sie was jetzt geschieht? Wenn nicht, dann machen Sie sich einmal bewusst, was in diesem Moment ist. Scheinbar nichts Besonderes und doch ist dieser Augenblick etwas ganz Besonderes, weil er absolut einmalig ist.

Es ist ganz gleich wie er ist, Sie werden keine Chance bekommen diesen Augenblick zu wiederholen. Er ist für immer vorbei und wird nur in der Erinnerung vorhanden sein. Und so ist es mit jedem Augenblick. Auch wenn es immer jetzt ist und Zeit nur auf der Ebene des Raum-Zeit-Kontinuums der dualen Welt existiert, dieser Augenblick bietet Ihnen eine einmalige Chance. Auch wenn nichts Spektakuläres geschieht, die Einmaligkeit liegt schon darin, jeden Augenblick bewusst wahrzunehmen. Schon diese Chance ist außergewöhnlich und scheint den Menschen in der Hektik der Zeit verloren gegangen zu sein. Hört sich irgendwie lustig an, dass sich der Augenblick in der Zeit verliert oder darin sogar untergeht.

Wenn Sie die Chance und Fülle, Botschaft und Tiefe des Augenblicks nicht erkennen, dann ist dieser Augenblick verloren. Doch es gibt jeden Augenblick eine neue Möglichkeit und wenn Sie einen Augenblick übersehen, achten Sie zumindest auf den nächsten. Lassen Sie nicht zu viele davon verstreichen, ansonsten leben sie nicht in der Gegenwart. Nur wer aus der Gegenwart schöpft, wird sich eine wohlwollende Zukunft erschaffen.

Wie schön zu wissen, dass sich das Wunder wieder und wieder wiederholt. Kaum zu glauben, wie reich uns das Leben beschenkt. Der Verstand denkt sich vielleicht, dass ein Augenblick nichts besonderes sein kann. „Was soll schon sein. Schon vorbei!" Ja eben. Und damit eine mögliche Chance die unerkannt blieb und vielleicht einen fruchtbaren

Samen in sich trug, der nicht gegossen wurde. Daher wird daraus auch nichts gedeihen und wachsen können. Folglich wird die Ernte ausbleiben, die wiederum für den Inhalt der Zukunft verantwortlich ist. Das ganze Leben besteht aus solchen einmaligen Augenblicken und ein erfülltes Leben besteht aus einer unendlichen Reihe erfüllter Augenblicke. Sie brauchen sich keine Gedanken machen, wie sich Ihr Leben erfüllen kann. Wenn Sie diesen Augenblick und alle nachfolgende mit Ihrer Anwesenheit, nämlich genau jetzt erfüllen, hätte es sich bereits erfüllt. Warum ist es so schwierig im Augenblick zu sein? Weil wir uns in den Situationen verlieren und ständig etwas denken, sagen, wollen, planen oder tun. Dieses Verhalten ist menschlich und wir alle verhalten uns so. Doch hat dieses Verhalten, rein nichts mit einem bewussten Augenblick zu tun. Es ist genau das Gegenteil davon.

Es gibt Vergangenheit, Gegenwart und Zukunft. In der Gegenwart können wir in den Augenblick eintauchen. Dies gelingt uns aber nur, wenn wir uns nicht in unserer Gedankenwelt aufhalten. Wir können also auch in der Gegenwart „abwesend" sein, wenn wir uns im Gedanken verlieren. *Vergangenheit und Zukunft existieren ausschließlich in unseren Gedanken.*

Wenn wir dort sind, sind wir nicht da. Das klingt nicht nur logisch, das kann man auch gut nachvollziehen. Hier-Sein ist also eine bewusste Anwesenheit, die von Gedanken und Gefühlen befreit lebt. Dies muss aber nicht in einer starren Meditationshaltung sein. Auch während einer Tätigkeit oder einer ganz normalen Alltagsbeschäftigung ist das möglich. *Es heißt nämlich nicht, dass wir keine Gedanken haben dürfen, sondern nur nicht alles zerdenken sollten. Gedanken tauchen immer auf. Sie kommen und gehen. Wenn wir uns nicht mit ihnen beschäftigen, gehen sie ganz von alleine wieder weg.*

Also können wir in einem ganz normalen Alltag den Augenblick erfüllen. Doch etwas Übung oder besser gesagt Disziplin sind schon gefragt, um der Sintflut der geschäftigen und turbulent bewegten Welt auszuweichen und wirkliches Hier-Sein bewerkstelligen zu können.

Haben Sie das Vertrauen sich dem Augenblick wirklich zu verschenken? Wer sich dem Augenblick hingibt, der lässt sich fallen. Dies ist etwas, was der Verstand nicht so gerne mag. Er will die Kontrolle behalten. Aus diesem Grund empfinden viele Menschen es als etwas Unangenehmes, einfach da zu sitzen und „nichts zu tun". Doch es ist kein „nicht tun", es ist ein wertvolles Hiers-Sein, dass den Augenblick erfüllt.

Erleben Sie den Augenblick bewusst

- Wenden Sie sich mehrmals täglich ganz gezielt für wenige Minuten vom „Alltagsdruck" ab
- Beobachten Sie immer wieder mal den Rhythmus des Atmens
- Erfüllen Sie den Augenblick einzig und allein mit Ihrer Präsenz, indem Sie in ihr Herz lauschen
- Gehen Sie in die Natur und lauschen sie ihren Geräuschen oder beobachten Sie sie
- Hören Sie ein schönes Musikstück
- Lesen Sie Zitate oder Stellen in Büchern, die Sie besonders berühren
- Schließen Sie die Augen und halten Sie inne. Lassen Sie die Gedanken kommen und gehen, ohne sie festhalten oder verjagen zu wollen
- Sprechen Sie ein Gedicht oder ein Gebet, das ihr Herz berührt

Achten Sie ganz gezielt auf den ersten und den letzten Gedanken. Der Gedanke der den Tag einläutet und der Gedanke der den Tag ausklingen lässt, sollte immer „dem Höchsten" gelten, rein und liebevoll sein. Wer sich schon morgens in Details von Problemen und Sorgen verliert, dessen Tag wird sich dementsprechend gestalten. Wer sich abends mit Kummer in den Schlaf wiegt, wird nicht nur unruhig schlafen und schlecht träumen, sondern belastet damit seinen ganzen Organismus. Seien Sie sich der Kraft Ihrer Gedanken bewusst, denn sie formen Ihr Leben.
Wenn Sie sich jetzt fragen, was das mit Ihrer Zukunft zu tun hat,

vermuten Sie insgeheim wahrscheinlich schon die Antwort: Genau dieses Verhalten, ihr momentanes Sein, prägt das, was Sie Zukunft nennen und hat einen größeren Einfluss darauf, als wie Sie es sich jemals vorstellen können.

Geben Sie dem Augenblick die Chance, erkannt zu werden

- Versuche Sie Ihre Tätigkeiten mit Sorgfalt auszuführen

- Geben Sie sich dem Moment (der Situation, den Umständen, dem Augenblick, etc. hin. Es gibt keine guten und schlechten Momente. Erst die Empfindung oder der Gedanke, dass etwas gut oder schlecht ist, erklärt den Augenblick dazu. Es ist also immer nur Ihre Sichtweise und hat mit der Sache an sich nichts zu tun. Der Augenblick ist immer okay, er ist so wie er sein soll, sonst wäre er nicht so.

- Achten Sie darauf sich nicht in Gewohnheiten zu verlieren, zum Beispiel etwas immer wieder zu tun, weil Sie es bisher so getan haben. Überprüfen Sie deshalb Ihre Handlungen, inwieweit Sie mit Ihrem jetzigen Empfinden überhaupt noch übereinstimmen. Ein alter und überholter Rhythmus kann jederzeit beendet werden. Doch zuerst müssen Sie sich dessen bewusst sein. Wer im Gedanken verloren einfach so vor sich hin lebt, wird das nicht erkennen. Vielleicht erkennen es andere. Dann sollte man für etwaige Hinweise dankbar sein und „gesunde Kritik" schon mal annehmen können oder zumindest überdenken.

- Um im Augenblick zu sein gibt es kleine Hilfestellungen wie:
    1. *beim Gehen, bei jedem Schritt „jetzt" zu sagen*
    2. *Wenn man sich im Gedanken verliert, immer an dasselbe schöne Erlebnis zu denken, um sich vom zermürbenden Nachdenken abzuwenden*
    3. *Sich den Wecker zu stellen und zu jeder vollen Stunde für 2-3 Minuten bewusst hier zu sein und ganz gezielt im Moment zu verweilen*

4. *Alle Gedanken als Gäste anzusehen, sie freundlich zu begrüßen und sie dann unbeachtet sein zu lassen, bis sie von selbst wieder gehen*

- Anstatt sich in Gedanken zu verirren können Sie sich genau dann, wenn Sie sich beim Nachdenken ertappen, selbst ergründen. Was passiert gerade? Schauen Sie hin und seien Sie sich ganz und gar bewusst, dass sich Ihre Probleme nur im Kopf abspielen. Jedes Nachdenken spielt sich in der Vergangenheit oder in der Zukunft ab. Wer im Augenblick ist denkt nicht nach. Vielleicht fliegen Gedanken vorbei, aber man identifiziert sich nicht mit ihnen. Ein Gedanke erstreckt sich über mehrere Augenblicke und verwehrt Ihnen, das Wesentliche wahrzunehmen. Das was genau jetzt geschieht bleibt verborgen. Da sind Chancen, Möglichkeiten, Hinweise, schöne Erlebnisse und so viele kleine Wunder, die unerkannt bleiben.

- Fragen Sie sich, ob Sie jetzt hier sind oder in Erinnerungen, Befürchtungen, Wünschen oder Problemen leben. Wer sich in Vorstellungen und Einbildungen verliert, ist abwesend und verleugnet dabei seine wahre Identität.

Eine *kleine* Meditation

KAPITEL 10

EINE KLEINE MEDITATION

Ich spreche die Meditation bewusst in der Ich-Form, weil das harmonischer klingt. Außerdem ergibt sich dadurch die Möglichkeit, den Text auf einen Tonträger zu sprechen und ihn anzuhören. Nahezu jedes Handy hat heute eine Aufnahmefunktion.

Sie können die Texte ergänzen und beim Abspielen können sie noch besser entspannen. Hinzu kommt, dass viele Menschen eine Ablehnung gegen ihre eigene Stimme haben. Sie können sich nicht hören. Dies wäre eine gute Möglichkeit um diese Ablehnung zu neutralisieren und sich selbst zu zuhören. In der Stimme schwingt nämlich einiges mit, was Programme und Erinnerungen hochkommen und uns Vergleiche anstellen lässt. Vielleicht gelingt es Ihnen die ersten paar Mal nicht so gut abzuschalten, weil Ihre Stimme ablenkt. Sehen Sie es gelassen. Vorerst geht es um etwas ganz anderes.

Im ersten Schritt geht es nicht darum zu Entspannen, sondern den Widerstand gegen Ihre Stimme zu neutralisieren. Hören Sie den aufgesprochenen Text so lange an, bis Sie ihn weder als gut noch als schlecht einstufen, sondern sich Ihrer Stimme, Ihrem Ausdruck hingeben können. So wie Sie sind, sind Sie gut!

Im zweiten Schritt geht es darum ruhig zu werden, abzuschalten und irgendwann weit darüber hinauszugehen.

Suchen Sie sich einen ruhigen und angenehmen Platz. Setzen Sie sich entspannt hin und machen Sie es sich ganz bequem. So bequem, dass Ihr Körper sich fallen lassen kann. Kein Muskel soll angespannt sein. Alles ist relaxed und passt sich dem Sessel an. Es ist ruhig. Schließen Sie die Augen und lassen Sie die Außenwelt los und richten Sie Ihre Aufmerksamkeit auf Ihr Herz.

Mein Herz öffnet mir den Weg in mein inneres Sein.
Mein inneres Sein ist meine Mitte.
Es ist mein wahres Zuhause.
Ich bin in der Mitte meines Seins, weil ich diese Mitte bin.
Ich bin die Mitte.
Ich nutze einen Körper und ich spüre ihn. Dieser Körper ist sanft und beschützt mich. Er gibt mir Schutz und Halt.
Dort wohne ich. In dieser Mitte ist Licht.
Dieses Licht fühlt sich strahlend an. Es ist hell. Es ist weit.
Dieses Licht ist mein wahres Sein.
Ich gehe jetzt in die Mitte dieses Lichts.
Ich gehe ganz in mich hinein und erkenne, was ich bin.
Ich bin dieses Licht.
Ich bin es wirklich.
Der Körper ist schwerelos und federleicht.
Das Licht ist nicht im Körper oder außerhalb, es ist überall.
Ich dehne mich in mein wahres Sein aus und bin grenzenlos.
Ich bin grenzenlos und frei.
Ich leuchte hell.
Es wird immer heller und heller,
weiter und weiter und unsagbar leicht.
Ich bin eins mit dem Licht, weil ich Licht bin.
Ich bin das allumfassende Sein, das dem Licht innewohnt.
Ganz bewusst verweile ich als das eine Sein.
Körperlos und frei, erfülle ich alles was ist
und strahle über allen Raum hinweg.
**Nun nehme ich diesen Körper bewusst wahr
und erfülle jede einzelne Zelle mit Licht.**
Jede Zelle ist Licht.

Das Licht durchdringt und erfüllt jede Zelle.
Ein Heil sein durchflutet den Körper.
Heilung geschieht.
Heil sein stellt sich ein.
Heil sein bedeutet Licht sein.
Heilung ist überall.
Licht ist Heilung, Heilung ist Licht.
Nun spüre ich diesen Körper und erlebe ihn ganz bewusst.
Alles was ich berühre, wird zu Licht.
Ich lebe von nun an ganz bewusst in einer lichtvollen Welt.
Dankbarkeit durchflutet mich.
Es ist mein natürlicher Zustand Licht zu sein, heil zu sein, zu sein.
Alles ist Licht.
Wo Licht ist, ist keine Dunkelheit.
Die Dunkelheit im Leben wird mit Licht überstrahlt,
damit Sie weichen kann.
Kummer und Schmerz verbrennt im Licht.
Ich verbrenne jetzt all das, was den Körper belastet hat.
Alle negativen Gedanken lösen sich auf.
Es wird still.
Ich genieße diese Stille.
Ich freue mich auf ein Leben im Licht.
Ich werde mich immer wieder daran erinnern,
dass ich wahrlich Licht bin.
Ich bin Licht.

Wenn ich bereit bin, löse ich mich behutsam aus dieser Erfahrung, öffne meine Augen und bin wieder ganz bewusst anwesend. Ich bin und bleibe mir meiner wahren Identität voll und ganz bewusst. Es gibt nichts außer Licht, vergessen wir das nie!

Freude als „Zukunftsharmonisierer"

KAPITEL 11

FREUDE ALS „ZUKUNFTSHARMONISIERER"

Freude ist immer hier, auch wenn wir sie nicht sehen. Es gibt Augenblicke im Leben, die trübsinnig und voller Traurigkeit sind. Etwas ist geschehen und in diesem Moment haben wir Mühe, nur irgendwie die Contenance zu bewahren. Wo soll dann die Freude sein? Es ist ja schon ein Wunder, wenn wir das ohne eine länger anhaltende depressive Phase überstehen. Ja, es geschehen Dinge die uns aus der Bahn werfen und diese Erlebnisse gestalten sich auch nicht ganz einfach. Trotzdem sollten wir nie den Kopf hängen lassen und zumindest wissen, dass eine Freude da wäre, die uns auffangen könnte, wenn wir unsere Aufmerksamkeit von dem Lebensdrama abziehen und es nicht weiterhin mit Gedanken und Emotionen nähren. Sich hineinzusteigern bringt nichts. Es macht die Situation nicht besser. Nein, das verschlimmert es. Aber leichter gesagt als getan.

Wir sind es gewohnt uns in Lebenstiefen zu verlieren und zu vergraben und im Selbstmitleid zu baden. Das Ego ist absoluter Künstler darin. Wir üben ja auch schon sehr lange. Der Sinn ist es, das Leben in seiner ganzen Tiefe zu erfahren, ganz gleich, was gerade in unserer Umgebung geschieht. Da wir die Situation nicht annehmen können, was bleibt uns anderes übrig? Uns dagegen zu wehren um es zu verschlimmern, kann nicht die Rettung sein? Wir können das Leben einfach annehmen wie es ist, auch wenn es schmerzt und Gefühle aufsteigen, die wir am liebsten loswerden wollen. Sie werden überrascht sein, zu welcher Änderung diese Grundhaltung in der Lage ist. Ihr ganzes Leben wird sich verändern. Warum? Weil durch das Gesetz der Resonanz andere und neue Dinge in Ihrem Leben geschehen werden. Durch diese Veränderung werden Sie noch mehr Freude in Ihr Leben ziehen. Es wird Ihnen immer besser gelingen mit schwierigen Situationen gelassener umzugehen, wenn Sie es erst einmal getan haben. Vorerst wird es Sie eine kleine

Überwindung kosten, sich nicht im Problem zu verlieren, denn das Ego will im Schmerz baden.

Doch greifen Sie durch und denken Sie an etwas anderes. Geben Sie Ihren negativen Gedanken keinen Nährboden, um sich wie Parasiten zu vermehren, die Sie anschließend „auffressen" werden. Freude braucht keinen Anlass. Sie ist da, wenn Sie wirklich im Augenblick sind.

Lebensfreude ist unumgänglich, wenn man auch Morgen glücklich sein will. Wer sich eine harmonische Zukunft wünscht, sollte die Freude in sein Leben lassen. Jeder Mensch trägt die Freude in sich. Wahre Freude ist keine Eigenschaft. Freude wohnt in uns allen, doch viele Menschen haben diesen ständigen Mitbewohner noch nicht entdecken können. Es gibt da nämlich welche, die uns wichtiger sind. Vor allem Gedanken und ungute Gefühle sind oft so präsent, dass sich die Freude lieber versteckt, als hervorzukommen. Was soll sie auch tun, wenn wir ja bereits beschäftigt sind. Vielleicht glaubt sie, dass wir mit ihr gar nichts zu tun haben möchten, wenn wir so eifrig mit so vielen anderen Dingen beschäftigt sind. Wer zur Ruhe kommt, hat gute Chancen der Freude in sich irgendwann zu begegnen.

Jeder Mensch freut sich gerne. Es ist auch etwas wunderbares, wenn einem dieses Gefühl übermannt. Es macht nicht nur glücklich, sondern auch gesünder und jünger. Es belebt uns mit allen Sinnen und lässt uns innerlich jauchzen.

Richten Sie Ihr Bewusstsein auf das, was Sie in diesem Augenblick gerade fühlen. Vielleicht fühlen Sie sich geborgen, weil Sie sich unter die Bettdecke gekuschelt haben. Vielleicht hängt Ihnen emotional etwas nach, was Sie seit längerem beschäftigt und Sie fühlen sich irgendwie angespannt und leer. Ein innerer Druck begleitet uns oft über so lange Zeit, dass wir sein Entstehen gar nicht mehr einordnen können. Vielleicht fühlen Sie aber auch gar nichts und sind einfach nur in das Buch vertieft.

Sie können die ständige Veränderung Ihrer Gefühle achtsam wahrnehmen. Dabei werden Sie feststellen, dass diese Gefühle nicht unbedingt einen Anlass haben, den Sie zuordnen können. Wir haben uns angewöhnt, uns nur bei bestimmten Ereignissen zu freuen. Nur wenige

Menschen freuen sich, wenn die Sonne scheint, ein Marienkäfer über ihre Hand krabbelt oder Schmetterlinge durch die Luft tanzen. Je älter man wird, umso mehr freut man sich über die Kleinigkeiten, die der Alltag so mit sich bringt.

Als junger Mensch muss man mit den Eltern spazieren gehen und kann gar nicht verstehen, was daran so schön sein soll. Wenn Mutter dann auch noch bei jeder Blume stehen bleibt und sich ihrer Schönheit erfreut, ist einem dass sogar noch fast peinlich. Man ist gedanklich bei den Freunden, beim Shoppen oder mit dem Handy beschäftigt und hat sozusagen gar keine Zeit hinzusehen. Wenn wir älter werden, heißt das nicht unbedingt, dass die Gedanken weniger werden, doch wir öffnen uns für den Augenblick. Wir beginnen den Moment als etwas Kostbares zu betrachten und nehmen uns Zeit. Unsere Ausrichtung verändert sich und so können wir uns an Dingen erfreuen, die ein anderer vielleicht übersieht. Bei wem sich diese kleinen Freuden einschleichen, der rückt auch der wahren Freude näher.

Manche Menschen freuen sich, wenn sie etwas gewinnen. Sie freuen sich über ein Kompliment oder über einen freien Tag. Wir können uns über so viel freuen. Doch diese Freuden sind vergänglich, wie alles vergänglich ist. Freude ist demnach an ein Ereignis oder eine Emotion gebunden und kommt niemals alleine. Wir streben danach ein freudiges Leben zu haben und das ist mit Anstrengung verbunden. Immer wieder suchen wir nach Dingen die uns gut tun und die uns Freude bescheren, doch diese Freude ist nicht die von Bestand.

Die Freude die ich meine, ist kein vorübergehendes Empfinden. Es ist ein Zustand der da ist. Diese Freude ist nicht an Ereignisse gebunden, sondern von Bindungen befreit. Sie ist etwas Ursprüngliches, das uns einfach so begleitet, Tag für Tag, Nacht für Nacht. Diese Freude kommt dann zum Vorschein, wenn wir damit beginnen in unser Inneres vorzudringen und unsere Aufmerksamkeit vorwiegend bei uns selbst halten. Natürlich leben wir in einer Welt, die nicht ignoriert werden soll.

Das Leben ist wunderbar und soll auch gelebt werden. Dennoch sollten wir uns nicht in diesem Leben verlieren und so tun, als ob es nichts anderes gäbe. Kümmern wir uns um das Leben und machen wir das Beste daraus. Erfüllen wir unsere Aufgaben und Pflichten und tun wir alles zu unserem Besten. Nebenbei sollten wir damit beginnen uns selbst besser wahrzunehmen. Wir kennen uns kaum. Wir glauben zwar dies zu tun, aber in Wirklichkeit kennen wir nur die Person.

Die Abläufe im Inneren, den Ursprung der Gefühle, die Verhaltensweisen und Programme sind etwas, mit denen wir bisher gelebt haben. Aber kennen wir sie wirklich? Sehen wir uns unser Innenleben doch etwas genauer an. Ist das wirklich notwendig? Müssen wir das? Wir *müssen* nichts tun, aber es ist der einzige Weg um in tiefere Schichten vorzudringen und der wahren Freude zu begegnen. Wer heute freudvoll lebt, dem wird das Morgen genau so begegnen.

Wie Sie sind
   so wird Ihre *Zukunft* sein

KAPITEL 12

Achten Sie auf Ihre Gedanken!

- *Sie denken: Das kann ich nicht!*
  So werden Sie es bestimmt nie können.

- *Sie denken: Ich bekomme sowieso keinen neuen Job!*
  Das Leben wird Ihre Befürchtung als Anordnung ausführen.

- *Sie denken: Die Prüfung wird sowieso viel zu schwer sein!*
  Ja, das wird sie demnach sicher. Das Leben folgt Ihren Gedanken.

- *Sie denken: Mein Partner wird mich sowieso verlassen!*
  Das wird er mit Bestimmtheit tun. Vielleicht vorher nicht, aber jetzt wo Sie es so sehen?!

Achten Sie auf Ihre Worte!

- Stehen Sie zu Ihrem Wort.
- Prüfen Sie Ihre Worte auf Ihre Notwendigkeit, bevor Sie sie aussprechen.
- Worte sollten nicht verletzen!
- Verurteilende Worte sagen etwas über Ihr Bewusstsein, aber nichts über das Verurteilte aus.
- Unterschätzen Sie die Kraft der Worte nicht.
- Sie haben dieselbe Kraft, auch wenn Sie behaupten, dass sie „nicht so gemeint sind".
- Schlucken Sie überflüssige Worte hinunter! Es lohnt sich!

Achten Sie auf Ihre Gefühle!

- Worte und Gedanken haben meistens eine Begleitung: Gefühle! Sie wirken noch stärker, als Gedanken und Worte. Vergessen Sie das nie! Gefühle formen genauso Ihr Leben wie es Gedanken und Worte tun.
- Geben Sie nicht dem Leben oder einem Mitmenschen die Schuld an Ihrer Situation.
- Ziehen Sie Ihre Aufmerksamkeit von Außen ab und überprüfen Sie Ihre Innenwelt. Was will Ihnen das Leben damit sagen? Wie konnte es dazu kommen? Was hatten Sie darüber gedacht und gefühlt?
- Suchen Sie die Ursache immer nur bei sich selbst und in sich selbst! Woanders kann sie nicht sein.

Achten Sie auf Ihre Taten!

Sie sind mit Ihrem Leben nicht zufrieden? Was erwarten Sie?

_____

_____

_____

_____

Was haben Sie dem Leben dafür geschenkt bzw. gegeben?

_____

_____

Sie wollen etwas erreichen oder dass sich ein Wunsch erfüllt. Daran ist nichts auszusetzen. Doch wollen Sie das wirklich? Und vielleicht hat das Leben etwas ganz anderes mit Ihnen vor. Lassen Sie sich überraschen und versuchen Sie nicht das Leben in eine Richtung zu zwängen. Lassen Sie sich dorthin rücken, wo Ihr Platz ist. Es könnte gut sein, dass Sie mit dieser Ihnen noch unbekannten Möglichkeit überhaupt nicht gerechnet haben. Das Leben besitzt durchaus die Fähigkeit Dinge geschehen zu lassen, die Sie sich nicht ansatzmäßig vorstellen können. Warum also auf etwas beharren oder an einer Idee festhalten, die gar nicht ihre wahre Aufgabe ist?

Sie sind mit dem Verhalten eines Mitmenschen nicht einverstanden? Warum? Was sollte er Ihrer Meinung nach anders tun?

_____

_____

_____

_____

_____

Was haben Sie an Mitmenschen weitergegeben?

_____

_____

_____

Wissen Sie wirklich wie der andere ist, was er denkt und fühlt? Vielleicht tut er auch das, was er tut, aus einer ganz anderen Gesinnung, als

Sie es sich vorstellen können? Wir können den anderen nur einschätzen. Wie er wirklich ist werden wir wohl nie erfahren. Aus diesem Grund empfiehlt es sich den Menschen nicht in eine Schublade zu stecken, denn die ist immer nur die, die Sie ihm zugeordnet haben. Nicht nur die Menschen, überhaupt alles ist nicht so, wie wir es sehen. Vergessen wir das nie!

Achten Sie gut darauf, denn Sie formen Ihre Zukunft. Ihre heutige Gesinnung wird sich im Morgen spiegeln. Die Zukunft kann nicht positiv sein, wenn Sie negativ eingestellt sind. Alles was Sie tun kommt in derselben Gesinnung zurück, wie Sie es in Ihr Leben entlassen haben. Das Leben spiegelt Ihre Gedanken, Ihre Gefühle, einfach alles was Sie sind, wider. Sagen Sie jetzt bitte nicht „Bin ich wirklich so schlimm, dass mein Leben so sein kann?" Jeder Mensch kennt das Ursache-Wirkung Prinzip. Doch es zu kennen reicht nicht aus. Erforschen Sie, was es damit auf sich hat und wenn es diese Zusammenhänge gibt, dann beginnen Sie am besten gleich jetzt, an Ihrem Verhalten etwas zu verändern.

Keine Angst, es ist noch nichts *passiert!*

KAPITEL 13

Mit sich und dem Leben zu hadern, aggressiv und missmutig sein, grübeln und Unzufriedenheit sind Eigenschaften des niedrigen Ichs. Wer im Hier und Jetzt lebt und sein „Schicksal" annimmt, der braucht sich nicht zu sorgen oder zu kränken. Anstatt zu verurteilen wird er verzeihen. Das Klagen kennt er nicht. *Das größte Geschenk ist es, sich als Seele, als höchstes Ich zu erfahren. Wer sich als Bewusstsein wiedererkennt, der wird zur Liebe erblühen.* Damit man sich in Richtung Liebe bewegt, muss man sich regelmäßig mit seiner wahren Herkunft auseinander setzen. Dies heißt sich auf die Suche zu begeben und die intuitive Spur nicht aus den Augen zu verlieren.

Es gibt viele Dinge denen Sie sich täglich zuwenden. Seien das die Mahlzeiten, die Körperhygiene, die Arbeit oder der Schlaf. Wann beginnen Sie damit sich um ihr Herz zu kümmern? Anstatt sich um sein Herz zu kümmern, sorgen wir uns lieber um die Zukunft. Gift für die Seele? Allerdings!

Interessant ist es, dass der Mensch besonders vor Dingen Angst hat, die noch nicht passiert sind. Wie kann das sein? Das was noch nicht passiert ist, ist ja noch nicht da. So denken wir über etwas nach und malen uns in allen Feinheiten aus, wie es sein könnte. Dieses Verhalten erzeugt Angst. Wissen wir das? Wenn ja, warum tun wir es trotzdem? Wenn nein, dann werden wir uns jetzt bewusst, dass Zukunftsangst nur eine Idee ist, die in einer Vermutung und Vorstellung existiert. Bevor wir darüber nachdachten hatten wir eigenartigerweise keine Angst. Warum fügen wir uns selbst Angst zu?

Warum denken wir über etwas nach, was sein könnte, anstatt uns mit dem auseinander zu setzen was ist? Wir könnten uns mit dem Augenblick oder mit uns selbst auseinandersetzen, das scheint aber nicht so spannend zu sein. Obwohl es schmerzt, spazieren wir lieber in einer möglichen Zukunft umher, als in diesem Moment zu sein. Die Erwartungsangst ist eine sogenannte Angst vor der Angst, eine gedankliche Anspannung oder Sorge, die sich durch Befürchtungen hochschaukelt.

Die Angst vor der Zukunft ist nicht ganz unbegründet. Viele Menschen können dem Leistungsdruck und dem Tempo, das die Gesellschaft vorgibt kaum noch standhalten. Es wird immer mehr verlangt und dies bedeutet, immer weniger Zeit für sich selbst zu haben.

Wenn dann neben der Arbeit auch noch der Haushalt gemacht und die Familie versorgt werden sollte, wird es knapp. Wo bitte sollen wir dann auch noch Zeit finden, sich um uns selbst zu kümmern? Wie bitte soll das gehen. Selbstfindung bzw. gelebte Spiritualität ist keine Tätigkeit, die man nach dem Bügeln der Hemden oder nach dem Blumen gießen tut. Gelebte Spiritualität findet in jedem einzelnen Augenblick statt. Irgendwie scheinen wir noch von früher so ein Bild in uns abgespeichert zu haben.

Meditierend stundenlang still zu sitzen und versuchen ruhig zu sein. Das ist wirklich nur ein Bild, das wir umgehend löschen. Wer sich bemüht mit Hilfe von Meditation ruhig zu werden, braucht es erst gar nicht versuchen. Zu meditieren hilft gewissermaßen um ruhiger zu werden, doch wenn es darum geht den Zugang zu sich zu öffnen, reicht das nicht aus. Sehen wir Meditation als Vorbereitung und vor allem als kein Muss an. Für manche Menschen ist es wunderbar, für manche eben nicht.

Jeder sollte selbst herausfinden was ihm gut tut und was nicht, doch sollten wir in diesen Hilfestellungen nicht stecken bleiben. *Gehen wir stets einen Schritt vorwärts und tauchen wir jedes Mal tiefer in uns ein.*

Ängste können vielfältig sein. Meistens geht es um die Zukunft. Ob uns die Angst zu versagen plagt oder uns Verlustängste begleiten, sie alle haben ihren Nährboden in der Vergangenheit. Meist war es ein Erlebnis in denen wir versagt haben. Es fühlt sich so schlecht an, dass wir uns davor schützen wollen, es nochmals zu erleben. Aber können wir das wirklich? Wir können es nicht verhindern.

Wir müssen uns aber auch nicht gehen lassen. Damit meine ich, dass wir nicht im Selbstmitleid baden und in Befürchtungen untergehen müssen. Um an diesen Ängsten wirklich etwas zu verändern, ist es Voraussetzung die Zusammenhänge zu verstehen. Solange wir nicht wissen woher Angst kommt, was sie ist und wie sie entsteht, werden wir uns weiterhin darin suhlen.

Angst ist unangenehm, das steht fest. Je länger wir dieses Gefühl nähren, umso hartnäckiger wird es. Es kann wirklich zu einem schwerwiegenden Problem werden, das uns in all unseren Möglichkeiten einschränkt. Ein Gefühl, das sich keiner wünscht und doch haben es so viele.

Sich der Angst stellen

Sie kommen nicht darum herum sich diesem Gefühl zu stellen, wenn Sie Besserung wollen. Es loswerden zu wollen ist eine Flucht, die niemals funktionieren kann. Wie soll man etwas loswerden, dessen Ursprung man nicht kennt? Sie sagen, es ist mein Gefühl, doch es gehört ihnen gar nicht. Sie haben es nur. Nur wenn Sie es durchleben, wird sich eine Veränderung bemerkbar machen. Die Nahrung der Angst sind die Gedanken. Gedanken sind genauso hartnäckig wie Gefühle, aber es ist einfacher sie beiseite zu stellen.

Deshalb schenken Sie den Gedanken keinen weiteren Nährboden, um die Angst nicht noch zu verstärken. Lassen Sie das Gefühl zu. Meiden Sie es nicht, sondern begrüßen Sie es. Natürlich wehrt sich der Mensch gegen unangenehme Gefühle, aber genau diese Abwehr sollte gestoppt werden. Abwehr ist ja eigentlich ein Reflex, um sich selbst zu schützen. So unangenehm die Angst auch sein mag, Sie tut Ihnen nichts! Lassen Sie das Gefühl hier sein und fühlen Sie es wirklich. Wenn möglich schließen Sie die Augen und lassen Sie es wachsen. Das klingt unangenehm. Das ist es auch, aber es kann Ihnen nichts passieren. Ja es ist unangenehm und es kann noch unangenehmer werden, doch Sie werden auch Stunden später noch in dem Sessel sitzen und es ist nichts passiert, außer dass Sie sich wohler fühlen werden, wenn Sie die Angst zu Ihrem Verbündeten gemacht haben.

Selbstverleumdung statt *Selbstvertrauen?*

KAPITEL 14

Eines Nachts hatte ich einen wunderbaren Traum. Ich war in einer Landschaft unterwegs mit vielen Bergen, Bäumen und es war sehr grün. Ich wanderte durch diese Gegend und kam zu einer Hütte. Davor saß ein Mann im Schneidersitz. Es hatte den Anschein, dass er meditiere. Ich setzte mich zu ihm und genoss diese Stille.

Plötzlich bemerkte ich auch, dass noch mehrere Menschen in seiner Nähe saßen. Alle hatten die Augen geschlossen und ihr Gesichtsausdruck war sehr glücklich anzusehen. Ich hatte als einziger die Augen geöffnet und wollte den Mann fragen, wie er das machen würde, dass er so eine Gelassenheit und Zufriedenheit ausstrahlte. Als ich mich ihm nähern wollte, konnte ich mich nicht bewegen. Es blieb ein gewisser Abstand von einigen Metern, den ich einhalten musste. Als ich ihm zurufen wollte, bekam ich kein Wort über die Lippen.

So sehr ich mich bemühte, ich konnte nicht sprechen. Irgendwann schloss ich die Augen und als ich sie wieder öffnete war der Mann verschwunden. Ich sah mich suchend um und war fast etwas enttäuscht über sein Verschwinden. Neben mir saß eine Frau, die auch vorher schon in seiner Nähe gesessen hatte. Sie begann ein Gespräch und wir unterhielten uns eine ganze Weile.

Ich erzählte ihr, dass ich den Mann etwas fragen wollte und es aus unerklärlichen Gründen nicht ging. So wollte sie wissen, was denn meine Frage gewesen wären.

„Ich wollte ihn fragen, was an ihm anders wäre, dass er so eine Glückseligkeit ausstrahlen würde".

Die Frau lächelte und erwiderte, warum ich solch eine Frage stellen würde.

„Weil ich es wissen wollte", entgegnete ich.

„Ja wissen Sie das denn nicht?", sagte sie zu mir.

„Hätte ich es sonst fragen wollen?"
Plötzlich saßen wieder alle Menschen von vorhin da, nur von diesem Mann fehlte jede Spur. Ich kam mir etwas albern vor, da mich alle ansahen und ich mir so vorkam, als wäre ich der einzige, der die Antwort auf meine Frage nicht wusste.
„Das ist ganz einfach", sagte die Frau. „Er unterscheidet sich nicht von Dir. Du hast es nur noch nicht bemerkt. Er stellt keine Fragen. Also ist es die Frage die zwischen Euch steht."
Ich fand die Antwort doof. Sie half mir nicht weiter. Heute erst kann ich nachvollziehen was damit gemeint war. Ich werde den Traum wohl nie vergessen.

Dieser Traum erinnert an so manch eine Lebensweisheit. Da wir stets versuchen unsere Fragen rational zu beantworten, bewegen wir uns im Leben auch immer auf der gleichen Stelle. Wir kommen über unsere herkömmlichen Programme und Verhaltensweisen nicht hinaus. Das Denken ist ein wunderbares Werkzeug, doch in den Fragen nach dem Lebenssinn wird es uns nicht weiterhelfen können. Hier sollten wir unserer Intuition und unserem Herzen vertrauen. Wir alle sehnen uns nach mehr. Wonach genau? Nach mehr, was uns das Leben bieten kann. Und nach was sehnen Sie sich?

Wenn Sie in einer geselligen Runde gefragt werden würde, was für Sie im Leben wirklich wichtig ist, hätten Sie den Mut darüber zu sprechen? Bevor der Mensch Spiritualität für sich entdeckt, erlebt er vieles. Oft vergeht ein Drittel oder sogar die Hälfte seines Lebens, bis er sich besinnt und sich das Leben etwas genauer betrachtet. Wird er dann danach gefragt, hält er sich gerne bedeckt. Warum stehen wir nicht dazu? Warum ist es uns peinlich über Gott zu sprechen oder über unseren Wunsch tiefere Dimensionen zu betreten? Hat man Angst davor belächelt zu werden? Und wenn ja, was wäre daran so schlimm? Man wird ja schon komisch angesehen, wenn man keinen Alkohol trinkt oder kein Fleisch ist.

Eigentlich müsste es umgekehrt sein. Die Spaßgesellschaft ist längst überholt und gar nicht mehr in. Oberflächlicher Zeitvertreib ist längst kein Massenphänomen mehr. Dieses Verhalten entwickelt sich rückwärts. Trotzdem haben Menschen ein Problem damit zuzugeben, dass sie beten oder einen tiefen Glauben in sich tragen. Auch wenn das nichts mit Religionen zu tun hat, man scheint sich zu schämen. Wovor? Nun, wir haben jahrelang den anderen entsprochen – den Eltern, den Lehrern, den Vorgesetzten usw. Jetzt halten wir dieses Programm eventuell noch unbewusst aufrecht. Es ist an der Zeit das abzulegen. Hervorzutreten und ja zu seiner Ausrichtung zu sagen.

Selbstverleumdung ist ein sehr liebloses umgehen mit sich selbst. Es ist Verrat. Seine Kinder würde man auf keinen Fall verraten, seine Freunde wahrscheinlich auch nicht so schnell. Aber sich selbst? Man ist sich gar nicht bewusst, was man anrichtet, wenn man nicht zu sich steht. Dafür muss man nicht lügen, es reicht schon, etwas nicht anzusprechen oder auszusprechen. Warum gehen wir mit uns so hart ins Gericht? Aus Angst Freunde zu verlieren? Richtige Freunde verliert man nicht und die anderen kann man getrost am Lebensrand stehen lassen. Dieses Verhalten erinnert mich an meine Jugend. Wer nicht mitgemacht hat, wurde ausgeschlossen. Ein kindisches aber durchaus bekanntes Verhalten. Ein sogenannter Gruppenzwang scheint den Erwachsenen auch heute noch in den Knochen zu stecken.

Nicht zu sich zu stehen ist kein Kavaliersdelikt. Die Folgen? Wer nicht zu sich stehen kann, zu dem wird auch das Leben nicht stehen. Dies heißt, dass dieses eigenartige, wenn auch nicht seltene Verhalten, sich negativ auf die Zukunft auswirken wird. Wenn wir uns hinter dem Berg halten, tut es uns das Leben gleich. Wer Ja zum Leben sagen will, der muss es auch zu sich selbst sagen können. Nur ein Ja zum Leben und zu sich selbst, wird das was kommt positiv formen. So ist es nun mal, das Leben. Nachtragend und voller Überraschungen, jedoch immer nur eine Spiegelung unseres momentanen Zustandes.

Der Wandel der *Zeit* auf dem Prüfstand

KAPITEL 15

Zwischenmenschliches auf dem heutigen Prüfstand (Familie, Partnerschaft, Freunde & Co) und was Sie tun können

„Beziehung ist der Spiegel, in dem wir uns selbst so sehen, wie wir sind."
Krishnamurti, Der Spiegel der Liebe

1 Gesellschaftliche Veränderungen bringen Arbeitslosigkeit sowie Überarbeitung mit sich. Noch nie gab es so konträre Gegensätze bei der Erledigung der Einkommenspflicht. Ob Überforderung und Unterforderung, beides verursacht Unruhe, Unzufriedenheit, Unsicherheit und psychische Probleme. Diese ziehen Krankheiten nach sich. Das System ist nicht gesund, wie soll es der Mensch sein? Das wirkt sich auch auf alle Formen von zwischenmenschlichen Beziehungen aus. Der Mensch ist selbstständiger, aber auch anonymer geworden und Frauen sind längst nicht mehr auf Beziehungen angewiesen.

Wer sich auf eine Partnerschaft einlässt, erklärt sie zum Ruhepol und geschützten Rückzugsort. Fallen lassen und Krafttanken dienen als Ausgleich für enorme Alltagsbewältigung. Verständnis, Vertrauen sowie Treue sind unumgängliche Werte, die Bestand haben, sozusagen eine Renaissance erleben. Die Ansprüche an den Partner scheinen sich seit Jahrzehnten nicht geändert zu haben. Doch die Form der Partnerschaft hat sich gewandelt. Beziehungsmuster wie man sie aus den 60ern kennt verabschieden sich, was nachrückt sind sogenannte zusammengewürfelte Familienverhältnisse (Patchworkfamilie), Fernbeziehungen und Lebensabschnittspartner. Das Partnerschaftsmodell der Zukunft erinnert kaum an vergangene Zeiten, da sich auch diese Thematik dem Zeitgeist anpassen muss.

Die Liebe scheint gleich zu bleiben. Man hat sich gern, verbringt Zeit miteinander, jeder will seine Ansprüche leben und geht davon aus, dass ihn die Partnerschaft glücklich machen soll.

In Bezug auf das gegenseitige Verhalten, scheint sich seit Ewigkeiten nichts verändert zu haben. Hier steckt jedes beliebige Beziehungsmodell noch in den Kinderschuhen. Man ist zusammen, aber kennt sich kaum. Man geht in der Annahme, den anderen zu kennen. Man glaubt zu wissen was er denkt, doch dies bleibt bei einer Vermutung.

Vielleicht reden Menschen heute wirklich mehr miteinander als früher, doch auch bei tieferen Gesprächsthemen bleibt man unweigerlich an der Oberfläche stecken.

Es scheint schwirig zu sein sich mitzuteilen. Seien Sie einmal ehrlich, weiß ihr jetziger oder wusste ihr letzter Partner was Sie fühlen? Haben Sie sich mitgeteilt? Haben Sie ihm nur gesagt was Sie an ihm stört und was Sie bemängeln oder ließen Sie auch durchblicken, wie es in Ihnen aussah, wenn er etwas gemacht hat, was Sie bemängelten? „Warum machst Du das? Kannst Du das nicht anders machen? Warum machst Du es nicht so?" Wir beziehen immer den anderen mit ein und glauben zu wissen, was er tun könnte, anstatt bei uns zu bleiben und zu sagen „Wenn Du das so machst, stellen sich bei mir die Nackenhaare auf. Es hat mit Dir nichts zu tun, doch möchte ich Dir sagen, was es in mir auslöst".

Wer so kommuniziert der teilt sich wirklich mit. Unsere Worte sind allzu oft verletzend und grob. Das muss nicht sein. Überlegen Sie das nächste Mal bevor Sie einen anderen bemängeln, wie sich das anfühlen würde, wenn zu Ihnen jemand dasselbe sagen würde. Bei Freundschaften ist es nicht anders. Man nimmt sich zu wichtig. Meist rufen wir die Freundin oder den Freund an, wenn wir was zu erzählen haben. Wir könnten aber auch einmal anrufen und ihm einfach zuhören.

Wir benutzen Menschen nach unserem Belieben und unseren Launen und bemerken es gar nicht. Dies ist kein Vorwurf, sondern eine Einladung um hinzusehen, wie ich mit anderen umgehe. Genauso wie ich nämlich auf andere zugehe und sie behandle, so werden sie auch auf mich zugehen.

„Eine echte menschliche Beziehung zu haben heißt, absolut keine Vorstellung, kein Bild, keine Schlussfolgerung zu haben." Krishnamurti, Vollkommene Freiheit

In einem Buch von Osho las ich über Partnerschaften und Liebe. In diesem Buch (Beziehungsdrama oder Liebesabenteuer) hatte es viele gute Ansätze, die eine Partnerschaft sehr frei und ungebunden umschrieb. Auch die Unterschiede zwischen Mann und Frau waren sehr eindrücklich geschildert.

Mann und Frau können sich nie verstehen und können gar nicht anders, als aneinander vorbeireden, weil die Polung ganz anders ist. Nun das ist nichts Neues. Doch die Form der Schilderung zog mich in den Bann. Niemand wurde angeprangert und nichts beurteilt. Es war eine Schilderung der Dinge, wie sie nun mal sind. Die Frau die aus dem Herzen lebt und der Mann der aus dem Verstand heraus funktioniert, wie sollen sie je zueinanderfinden? Im Gespräch wird es unmöglich bleiben, nur in gemeinsamer tiefer Versunkenheit, wo es beiden möglich ist aus der Herzebene heraus zu fungieren.

Da fallen mir diese Standardsätze ein, dass sich jeder vom anderen unverstanden fühlt. Immer wieder beschwert sich der Partner, dass er nicht verstanden wird. Warum tut er das. Es ist doch normal. Warum fällt man immer wieder in diese Verurteilung hinein, wenn es doch nicht anders sein kann. Hätte man einen Nachbarn aus China, könnte man auch immer wieder sagen, dass man ihn nicht versteht.

Und was ändert es? Es wird so bleiben! Es ist ein recht eigenwilliges Verhalten das der Mensch hier an den Tag legt. Nicht nur zwischen Mann und Frau herrscht ein Unverständnis, sondern zwischen Mensch und Mensch und zwar zwischen allen. Auch wenn wir glauben den anderen zu verstehen, wir können es nicht. Jeder sieht die Dinge aus seiner Perspektive. Jeder sieht alles individuell. Und auch wenn wir uns bestens verstehen und alles gleich Empfinden, so ist es letztlich doch so, dass wir unterschiedliche Gedanken haben und deshalb etwas doch anders sehen, auch wenn wir ähnliche Gefühle dazu haben.

Zurückhaltung und Verständnis sind zwei wunderbare Säulen, auf die wir jede Form von zwischenmenschlichen Beziehungen aufbauen können. Wer sich als Person in den Hintergrund stellt, menschlich, rücksichtsvoll und bedacht lebt, ist fähig eine tiefe Liebe in sich zu entwickeln, bevor er sich mit jemand zusammentut. Das oberflächliche Verliebt sein ist nach wenigen Monaten verschwunden und dann kann Partnerschaft erst beginnen. Nun können wir unsere Liebesfähigkeiten unter Beweis stellen und uns auf einer Ebene mit Respekt, Gleichheit und echter Zuneigung begegnen.

Wir alle sitzen in unseren Verhaltensformen, Gewohnheiten und Programmen fest, die wir automatisch in die Beziehung mit einbringen, also prallen auch äußerlich zwei Welten aufeinander. Wir verletzen, sind nachtragend, fordern ein, sind ungerecht, verurteilen und versuchen das Leben des anderen weitgehend zu bestimmen. Machtspielchen, Eitelkeiten, Besitzansprüche und Manipulationen haben wir über Epochen mit uns herum geschleppt.
Es ist an der Zeit diese Verhaltensformen hinter uns zu lassen. Wir tun immer so modern und die heutige Zeit hat sich ja auch rasant weiterentwickelt, doch das Verhalten des Menschen scheint gleichgeblieben zu sein. Eigentlich eigenartig, oder nicht?
Dieses Phänomen ändert sich dann, wenn wir uns wirklich darum bemühen, uns selbst besser kennenzulernen und unser Innenleben zu erforschen. Anstatt den Abend mit Freunden oder vor dem Fernsehen zu verbringen, könnten wir uns doch einmal mit uns selbst befassen, oder nicht?
Das klingt langweilig? Das kann sein, doch wer sich darauf einlässt wird sehen, wie spannend es ist, sich selbst zu entdecken und vor allem, welche wunderbaren Früchte das in vielen Lebensbereichen hervorbringen wird.

Kommunikation & Austausch auf dem heutigen Prüfstand und was Sie tun können

Es genügt nicht, dass man zur Sache spricht. Man muss zu den Menschen sprechen. Stanislaw Jerzy Lec

2

Die Kommunikation hat sich die letzten Jahrzehnte verlagert. Facebook, Twitter und E-Mails lassen viele Menschen am Leben vorbeileben. Sie verbringen mehr Zeit mit Kommunikation in der virtuellen Welt oder per Handy. Wer hätte sich das vor 20 Jahren gedacht? „Wenn Kommunikation zur Belastung wird", könnte man sagen.

Nicht nur die jüngste Generation hat sich diesen Virus eingefangen, auch ältere Menschen sind davon infiziert. Wie man neben dieser Fulltime-Beschäftigung noch Zeit hat seinem Beruf, seinen Hobbys und Verpflichtungen nachzugehen? Eine gute Frage. Es ist gar nicht so einfach, das alles zu handeln, aber Computer oder Handy sind fast nicht mehr wegzudenken. Das Handy piepst. Das Handy läutet. E-Mails flattern in den Posteingang und wollen beantwortet werden. Facebook sollte wieder auf den neuesten Stand gebracht werden und, und, und. Die heutige Kommunikation ist zum Stressfaktor geworden.

Wo sind die gemütlichen Stunden geblieben, wo die ganze Familie „ohne Unterbrüche" gemütlich gemeinsam am Tisch zusammensaß und ihre Mahlzeit zu sich nahm. Ist das heute überhaupt noch möglich? Wo wir auch hinsehen oder hingehen, das Handy ist begehrter als der, der in der Straßenbahn neben einem sitzt. Kommunikation und Austausch von Angesicht zu Angesicht ist etwas Soziales und vor allem etwas Menschliches. Werden wahre Menschlichkeit, ein gesundes Miteinander und Menschenliebe, die durch ein stark geprägtes, persönliches Verhalten sowieso nicht selbstverständlich sind und großgeschrieben werden, jetzt ganz ins Aus gedrängt?

Gegen Kommunikation über das Internet oder Handy ist im Grunde genommen nichts einzuwenden, denn Austausch bringt Freude, vernetzt und verbindet. Geht es auch ohne Vernetzen? Nein. Das muss es auch nicht, doch ist eine gewisse Tendenz zu einem Suchtverhalten wahrnehmbar, die man nicht unterschätzen darf.

Öfters mal ausschalten wäre sicherlich schon ein erster Schritt, um auch am normalen Alltag wieder teilzuhaben. Das Handy muss ja nicht überall mit und der Computer kann auch einen Tag ohne Sie sein. Können Sie es auch?

„Wenn alle Menschen nur dann redeten, wenn sie etwas zu sagen haben, würden sie bald den Gebrauch der Sprache verlieren." William Shakespeare

Ein Gespräch wegen einem SMS zu unterbrechen ist eigentlich unhöflich. Das Gepiepe sorgt für Unruhe. Der Empfänger will antworten, aber auch seinen Gesprächspartner nicht vor den Kopf stoßen. Was tun? Rechtzeitig ausschalten ist wohl die einzige Möglichkeit, um sich nicht in Bedrängnis zu bringen. Man kann nicht auf der einen und auf der anderen Seite voll bei der Sache sein. Das wird mit der Zeit anstrengend und zermürbend, man steht ständig unter Strom.

Man verstrickt sich in Erwartungshaltungen. Vielleicht erwartet der andere gar nicht, dass man gleich antwortet, aber selbst tut man es. Auch im digitalen Zeitalter kann man sehr gut offline sein und sich Zeit für Gespräche mit Menschen nehmen. Viele Menschen wünschen sich das sogar und merken, dass sie in eine Abhängigkeit geraten sind und das stresst. Jeder will etwas erzählen, auch wenn es die Welt oder der andere gar nicht hören will. Lassen wir uns also von anderen nicht die Zeit stehlen und beschränken wir uns auf das Wesentliche.

Interessant sind die Beweggründe, die uns dazu verleiten im Netz kleben zu bleiben. Sind es vordergründig Neugier oder eher ein sich Mitteilen wollen, die uns immer wieder an den Tatort Internet treiben? Müssen wirklich alle wissen, dass ich vor einer Stunde hingefallen bin und mir eine Rippe gebrochen habe? Und ist es wirklich so wichtig, dass sich Madonna einen neuen Liebhaber zugelegt hat? Nichts dagegen einzuwenden, aber man kann es auch übertreiben mit dem Zeitvertreib. Vergessen wir nicht, dass dieses Verhalten vor allem eine Lücke füllt. Eine innere Leere wird mit einer Beschäftigung übergangen. Früher war es das Fernsehen, heute ist es das surfen. Es war früher also nicht besser, sondern nur anders. Man könnte sagen, es ist vielleicht nicht so aufgefallen, dass die Menschen von sich abgelenkt haben, weil sie sich mit tausend unterschiedlichen Dingen abgelenkt haben. Heute tut es die Mehrheit mit dem Internet und nur deswegen fällt es allen auf. Es ist also nicht schlechter geworden, sondern wirklich nur offensichtlicher.

Arbeit & Beruf am heutigen Prüfstand und was Sie tun können

„Arbeit ist sichtbar gemachte Liebe. Und wenn ihr nicht mit Liebe, sondern nur mit Unlust arbeiten könnt, dann ist es besser, eure Arbeit zu verlassen und euch ans Tor des Tempels zu setzen, um Almosen zu erbitten von denen, die mit Freude arbeiten." Khalil Gibran, Sämtliche Werke

3

Der Mensch kann nicht mehr. Er ist ausgebrannt und steht unter Strom. Wer soll diesem Druck zukünftig gewachsen sein, der durch wachsende Veränderung des Arbeitsmarkts entsteht? Wird dem Menschen zu viel zugemutet oder ist es ein normaler, unangenehmer Nebeneffekt, den die rasante Entwicklung der Zeit mit sich bringt? Auf welche Kosten soll Fortschritt aufgebaut werden und wieweit ist das noch zu verantworten? Ist dieser Fortschritt nicht eher ein Rückschritt im Bewusstsein des Menschen?

Immer mehr Menschen wollen aus diesem Laufrad aussteigen und alternative Lebensformen suchen, wo sie wieder zur Ruhe kommen können. Wenn jedoch alle Menschen der Welt den Rücken zudrehen würden, würde das auch nirgendwo hinführen. Ein gesundes Mittelmaß muss her! Doch ist das überhaupt noch möglich und vor allem zeitgemäß? Ein jeder einzelne ist dazu aufgerufen, die volle Verantwortung für sein Leben zu übernehmen und unter diesen Umständen rechtzeitig einen Ausgleich zu schaffen, damit er erst gar nicht aus dem Gleichgewicht fallen kann.

Der Arbeitsmarkt wird immer anspruchsvoller, anstrengender und härter. Menschen werden durch Maschinen ersetzt und von den bestehenden Arbeitskräften, wird eine nahezu unmögliche Leistung verlangt. Das Gleichgewicht zwischen Arbeit und Freizeit ist längst verloren gegangen. Das bringt den Menschen in Bedrängnis, die aus jeder Sicht ungesund ist. Dieser Zustand macht den Menschen unglücklich und krank. Wie soll diese Entwicklung eine bessere Zukunft sichern?

Fakt ist, dass sich fast jeder zweite Mensch versklavt fühlt, der in dieses Angestelltensystem eingebunden ist. Was glauben Sie, wie vielen Menschen Ihre Arbeit Spaß macht? Wie viele Menschen verrichten täglich eine Arbeit, die ihnen anstatt Freude nur Geld einbringt? Nun, man muss kreativ werden, wenn man nicht auf der Strecke bleiben will. Man weiß, man muss noch bis zur Pension arbeiten. Dass sind keine guten Aussichten. Noch weniger gut sind sie, wenn man gar nicht sicher gehen kann, ob es so etwas wie eine Pension überhaupt noch geben wird.

Also aussteigen bevor es zu spät ist und seine Fähigkeiten überprüfen. Notieren sie sich all das, was Sie gut können. Danach spüren sie einmal hin, welche Tätigkeit sie anbieten könnten. Vorerst nur so nebenbei. Irgendwann können Sie davon sogar ihr Einkommen bestreiten. Beobachten Sie ihr Umfeld. Woran fehlt es? Was benötigen die Menschen? Was wird nicht angeboten oder zu Preisen, die sich keiner leisten kann? Wie könnten sie sich mit einbringen?

Extremsparen ist keine Lösung. Nicht nur weil Sie nicht wissen, ob morgen ihr Geld überhaupt noch etwas wert ist, sondern weil sparen aus einem Mangel heraus entsteht. Es spricht nichts dagegen etwas auf die Seite zu legen. Man kann aber auch übertreiben. Im Fernsehen sah ich einen Bericht über sparsame Menschen und ich war erstaunt, auf welche Ideen man überhaupt kommen kann.

Ein Mann wohnte im Wohnzimmer und hatte alle anderen Zimmer untervermietet. Ein anderer Mann putzte seine Schuhe mit der Innenseite einer Bananenschale und ein weiterer holte sich regelmäßig die Apotheken-Rundschau, um das Geld für das TV Programm zu sparen. Jeder soll leben, wie er es für richtig hält, doch diese Energie ist auch nicht förderlich, um eine bessere Zukunft zu kreieren. Es grenzt an Armseligkeit und bei manchen Beispielen dachte ich mir, wo denn die Menschenwürde geblieben ist. *Wann erkennt Mensch was er wirklich ist? Wann steht er zu seiner Größe und tut nicht weiterhin so, als ob er ein Bittsteller der Gesellschaft wäre.* Vielleicht denken viele so, aber nur weil sie so denken, erleben sie es auch.

Was allerdings ein Mann gemacht hat, fand ich bewundernswert. Er war arbeitslos und hatte nie richtig zu essen. Das brachte ihn auf die Idee, einer Großbackwarenfabrik um einen super günstigen Preis das übrige Brot abzukaufen. Er eröffnete ein Geschäft und verkauft so Backwaren vom Vortag. Das Geschäft boomt.

Alles Wissen ist vergeblich ohne die Arbeit. Und alle Arbeit ist sinnlos ohne die Liebe. Khalil Gibran, Sämtliche Werke

Lassen Sie Ihrer Vorstellungskraft einmal freien Lauf und denken Sie sich was aus. Was würden Sie gerne machen. Vielleicht klingt es etwas verrückt, aber alles ist möglich.

Unterschätzen Sie Ihre Vorstellungskraft nicht. Sie sollte jedoch nur für etwas eingesetzt werden, was wirklich sinnvoll ist. Wenn Sie sich jetzt fragen, was das bringen soll, dann kann ich Ihnen sagen: Viel! Auch wenn sich Ihre Vorstellungen nicht gleich verwirklichen, so waren Sie zumindest eine Zeit lang in guten Gedanken. Sie hatten Freude daran, sich das alles vorzustellen und für wenige Stunden abgelenkt. Diese Zeit konnten Sie sich nicht mit Ihrer Situation oder Ihren Problemen beschäftigen. Das heißt, Sie haben dem den Nährboden entzogen.

Die Zeit der Imagination waren nicht nur positive Gedanken, sondern auch wunderbare Gefühle anwesend.

Gedanken und Gefühle formen Ihr Leben. Wenn diese Zeit der Vorstellung also nicht Ihre Vorstellung manifestiert, dann können jetzt ganz andere Ereignisse in Ihr Leben treten. Warum? Weil der Raum frei ist, den sie vorhin mit negativen Gedanken oder Gefühlen blockiert haben.

Wenn etwas in Ihr Leben kommen soll, müssen Sie zuvor etwas loslassen. So ist das Gesetz der Resonanz. Es wird Ihnen immer das widerfahren, was sie denken und glauben können. Wenn Sie glauben, dass sowieso nichts passiert, wird das auch so sein. Geben Sie nie auf und glauben Sie immer an sich. Wenn Sie fallen stehen Sie wieder auf, bleiben Sie nie liegen! Beschäftigen Sie sich mit allem anderen, nur nicht mit Ihren Problemen. Am besten mit sich selbst, mit Ihrem Selbst.

So kann sich auch eine Arbeit auftun, die Ihnen Freude bereitet. Ihre momentane Arbeit entspricht Ihnen genauso, wie die, die kommen wird. So wie sie jetzt sind, so wird sich das Leben spiegeln.

Überlegen Sie einmal, was Ihnen an Ihrer Arbeit nicht passt. Schreiben Sie alles sorgfältig nieder. Nun überprüfen Sie, nachdem Sie diese Fakten festgehalten haben, wie Sie darüber denken. Entspricht der Job Ihren Gedanken?

Der Mitarbeiter mag mich nicht. Wie soll er sie mögen, wenn Sie so über ihn denken! Die Arbeit ist mir zu anstrengend. In welchen Situationen sind Sie zu anstrengend? Warum strengt Sie die Arbeit an? Weil Sie sie ablehnen. Warum lehnen Sie sie ab? Weil Sie das nicht tun möchten. Warum möchten Sie es nicht tun? Weil Sie gerne etwas anderes tun möchten. Nun, das könnten Sie. Sie sagen sich aber, ich muss das tun, um Geld zu verdienen. Also wird der Job mit dieser Einstellung in ihrem Leben bleiben. Es stimmt, dass Sie für Ihr Einkommen arbeiten sollten, aber es muss nicht diese Arbeit sein. Dass ist Ihre Überzeugung und Überzeugungen kann man ändern.

Wenn wir uns vorstellen, bald keinen Job mehr zu haben oder pleite zu sein, können wir uns auch vorstellen wie es wäre, jetzt eine Million zur Verfügung zu haben. Kaum denken wir das, schon stellt sich ein besseres Gefühl ein. Wie kann das sein? Verlieren Sie sich nicht in Träumereien, aber nutzen Sie jeden Augenblick dazu ihn positiv zu beleben und keinen negativen Gedanken nachzuhängen. Die Zukunft folgt dem Denken, also wählen Sie bewusst aus, was Ihren Kopf verlässt, denn es wird über Ihre Zukunft entscheiden.

Geld & Besitz auf dem heutigen Prüfstand und was Sie tun können

„Die besten Dinge im Leben sind nicht die, die man für Geld bekommt."
Albert Einstein

Alle Menschen wollen mehr Geld. Das scheint normal zu sein. Der Mensch tut viel um mehr Geld zu verdienen oder sich mehr Besitz anzueignen. Er arbeitet sich an die Grenzen seiner Belastbarkeit oder bis zu einem Burnout hoch und dennoch fällt die Entlohnung im Verhältnis zum Zeitaufwand immer noch mager aus. Er tut viel um sich materielle Güter kaufen zu können, aber wie viel tut er für sein Bewusstsein? Wie viel Zeit investiert der Mensch um ein bewussteres und gesünderes Leben zu führen? Die Prioritäten setzt jeder anders. Das materielle Wohl kann wichtig genommen werden, doch kann es nicht an zweiter Stelle stehen? Die erste Stelle sollte die Bewusstseinsentwicklung zieren und erst danach sollte all das folgen, was noch zum Leben gehört. Auch wenn der Wunsch nach einen tieferen Lebenssinn und mehr Lebensqualität, Glück und Zufriedenheit bei allen Menschen sehr präsent ist, tun wir doch sehr wenig dafür. Wahrscheinlich, weil wir nicht wissen was wir dafür tun sollen.

Um glücklicher zu sein enden wir wieder in Schritt eins, uns nämlich mit materiellen Gütern vorübergehend glücklich zu machen. Wie kommen wir darauf, dass dieses Glück innerhalb des Lebens zu finden ist? Wir alle haben schon so viel erlebt, gekauft, benutzt, ausprobiert und durchlebt, warum sind wir dann trotzdem noch unzufrieden? Wir wünschen uns eine bessere Partnerschaft, einen perfekten Job, mehr Geld und vieles mehr, doch auch wenn wir das alles hätten, es würde an unserem Gemütszustand nur vorübergehend etwas enden.

Was bleibt ist die Suche nach etwas, dass wohl wirklich nicht von dieser Welt zu sein scheint. Warum sonst hat es kaum jemand gefunden? Würde das Glück auf materieller Ebene zu finden sein, müssten ja zumindest die Reichen glücklich sein. Die sind es aber auch nicht, weil es kaum jemand ist. Viele Menschen sind für einige Tage glücklich, aber dauerhaft glücklich sein? Ist das denn in einer Welt wie dieser überhaupt möglich?

Für einige Zeit fröhlich zu sein ist gar nicht schwer. Menschen, Gegenstände und Situationen können uns glücklich machen, doch ist dieses vorübergehende Gefühl wirklich so erstrebenswert? Erstens ist es nur kurzweilig und zweitens immer von äußeren Gegebenheiten abhängig. Ein netter Nachmittag mit einem lieben Menschen kann auch viel Freude vermitteln, doch was ist wenn der Abend kommt? Ist man dann gleich fröhlich und warum war man es nicht auch vor dem Treffen? Warum muss das Leben uns immer etwas bieten damit wir uns wohl fühlen? Was ist wenn es uns nichts bietet? Ist es nicht einfach Grund genug glücklich zu sein, weil wir im Leben stehen und die Möglichkeit haben auf dieser Welt zu sein?

Nein, dieser Grund scheint nicht auszureichen, um uns ein gutes Gefühl zu bescheren. Sind wir zu übersättigt und abgestumpft? Muss es immer mehr, schneller, kostspieliger und ausgefallener sein? *Die schöns-*

te und tiefste Freude verbirgt sich in den kleinen und einfachen Dingen des Alltags und je einfacher ein Mensch lebt, umso erfüllter kann es sein.

Das scheint aber eher nur wenige Menschen zu betreffen. Der Mensch bildet sich ein, etwas zum Glück zu brauchen. Ja, das stimmt, doch es sind gewiss nicht die Dinge, die uns außen umgeben. Der Mensch braucht einzig und allein ein besseres Verständnis für sich selbst und die Selbsterkenntnis, das Wissen um seine wahre Identität. Ansonsten fehlt ihm eigentlich nichts. Das was er zum Leben braucht muss er nicht erst anpeilen, es ergibt sich ganz von selbst. Und wie?

Wir sollten das, was wir uns wünschen aus unserem Kopf streichen. Danach sollten wir dem Leben die Chance geben uns das zur Verfügung zu stellen, was für uns passt. Das entscheiden wir aber nicht bewusst. Unbewusst schon, da es uns ja entspricht. Das Leben folgt seiner Entsprechung und was wir aussenden, kommt zurück. Trachten wir nicht nachdem was wir nicht haben, sondern nach dem, was uns jetzt zur Verfügung steht. Das lehrt uns Bescheidenheit und schenkt uns die Möglichkeit, im Augenblick zu verweilen. Wer im Augenblick ist, braucht sich nicht um die Zukunft kümmern. Die kommt nämlich ganz von alleine. Es reicht Ihnen aus bescheiden zu leben? Das ist schön! Was verstehen sie unter Bescheidenheit? Was muss Ihnen ein einfaches Leben bieten? Ein Grundeinkommen? Gesundheit? Was sonst noch? Was erwarten Sie vom Leben?

Wenn ich Sie jetzt frage, ob Sie heute gerne glücklich sein möchten, sagen Sie nicht „ja". Sagen Sie besser „immer" und damit das auch möglich ist, leben Sie ab sofort im Augenblick ohne darüber nachzudenken, was Ihnen die Zukunft bringen wird.

„Geld ist etwas, das kurz in unserer Tasche haltmacht, bevor es zum Finanzamt weiterwandert." Unbekannt

Geld ist notwendig. Wir brauchen es um unser Leben zu finanzieren. Doch sind die Grundbedürfnisse gedeckt, kommt ein ganz anderer Beweggrund zum Vorschein, der uns dazu anspornt Geld besitzen zu wollen. Geld ist ein Stück Papier. An seiner Beschaffenheit kann es also nicht liegen. Mit Geld können wir uns etwas kaufen. Die Papierscheine, sowie z. B. ein Auto haben aber noch nichts Fröhliches an sich. Es sind die Gefühle nach denen wir trachten, die uns der Besitz und die Nutzung von materiellen Gütern beschert. Wir streben, wenn wir mehr Geld wollen, also gar nicht wirklich Geld an, sondern ein Gefühl, das uns fehlt. Geld ist so gesehen nur ein Weg, um ein Ersatzgefühl zu erzeugen. Meist ist dieses Gefühl ein Ersatz für ungelebte Gefühle, wie z.B. „sich nicht geliebt fühlen" oder ein „unerfülltes" Leben.

Geld sollte diesen Mangel ausgleichen. Das mag ihm nach dem Umtausch in Ware gelungen sein, doch nur für kurze Zeit. Erfüllung finden wir in uns. Auf dem Weg dorthin brauchen wir auch kein Geld, sondern Geduld und Zeit. Haben wir Zeit, die wir uns schenken können?

Gesundheit & Wohlbefinden auf dem heutigen Prüfstand und was Sie tun können

„Krankheit macht Gesundheit angenehm und schön, Hunger das Sattsein, Anstrengung die Erholung." Heraklit, Die Vorsokratiker, Matthias Hackemann (Hrsg.)

5

Jeder will gesund sein und sich rundum wohl fühlen. Solange es den Menschen gut geht, sind sie sich dessen Geschenk nicht bewusst. Gesundheit wünscht man sich erst, wenn man sie nicht mehr hat, Wohlbefinden auch. Eigenartigerweise setzen viele Menschen Gesundheit voraus. Erst wenn sie auf der Straße einen Kranken sehen oder einen Krankenhausbesuch hinter sich haben, sind Sie sich für wenige Augenblicke wieder bewusst, wie gut es ihnen geht. Vielen Menschen geht es gut. Sie wissen es nur nicht. Man sollte sie stets daran erinnern. „Schau mal wie gut es Dir geht! Du hast zwei gesunde Beine und Hände und kannst Dich frei bewegen wie Du willst".

Gesundheit setzt sich aus vielen Faktoren zusammen. Die fünf gewichtigsten sind mitgebrachte Voraussetzungen, Geisteshaltung, Lebenseinstellung, Ernährung und Bewegung. Natürlich wirken sich Emotionen, wie z.B. Stress oder Angst, aber auch die Art des Denkens, auf den Körper aus. Wir sollten den Körper als eine Art Tempel sehen, in dem wir wohnen. Wir sollten ihn pflegen und gut für ihn sorgen, damit er uns lange durchs Leben tragen kann. In der heutigen Zeit gibt es Krankheiten, die die Zeit mit sich bringt. Sie scheinen richtig modern zu sein.

Burnout oder Fibromyalgie (Weichteilrheuma) sind wohl die bekanntesten. Es sind Folgeerscheinungen einer Gesellschaft, die profitorientiert ist. Solange Länder Macht und Prestige über das soziale Wohl der Gesellschaft stellen und menschliche Werte zweitrangig bleiben, wird die Krankheitsflut nicht abreißen. Geld regiert die Welt. Das wissen wir. Würde Liebe die Welt regieren, wäre sie anders. Dazu müssten wir eine andere Sichtweise einnehmen und unsere Geisteshaltung um 180 Grad drehen. Dies wäre durchaus möglich.

Doch ist das auch erwünscht? Eine auf allen Ebenen gesunde Gesellschaft ist unerwünscht. Es bräuchte kaum Ärzte, Pharmakonzerne wären weitgehend überflüssig und der Beruf des Richters hätte ausgedient, um nur drei Bespiele zu nennen. Die Machtkonstrukte die die Welt regieren, haben das Zepter in der Hand. Man sollte dies aber nicht zu düster sehen, denn wir selbst tragen dazu bei die Welt zu formen. Schauen wir uns einmal an, wie es in uns aus sieht. Was denken wir über die Welt? Wie sehen wir sie? Was gefällt uns und was nicht? Wenn wir diese Gedanken festhalten, werden in den meisten Fällen die schlechten Gedanken überwiegen.

„Ganz sein, nicht fragmentiert in unseren Handlungen, im Leben, in jeder Art von Beziehung, das ist das eigentliche Wesen geistiger Gesundheit." Krishnamurti, Vollkommene Freiheit

Wenn wir denken, dass sowieso nichts besser wird und nehmen wir an, dies die Hälfte der Menschheit denkt, wie soll sich da etwas verändern. Die Basis aller Dinge ist Energie. Gedanken sind Energie. Diese Energie verschmutzt die Welt zwar nur unsichtbar, doch der sichtbare Teil der Verschmutzung ist das, was wir den Zustand der Welt nennen. Beginnen wir damit unseren inneren Zustand zu ändern und lassen wir alles andere sein wie es ist. Kümmern wir uns um unser Inneres, anstatt uns über die Welt zu beschweren, denn dies gilt schlussendlich immer nur uns selbst. Dieses beschweren löst auch einen Teil unserer psychischen und physischen Beschwerden aus. Weltweit geht die Gesundheit den Bach runter. Das heißt es gibt immer mehr kranke Menschen, die immer öfter krank sind. Es entstehen ganz neue Krankheitsbilder, die man früher nicht kannte.

Es stellt sich die Frage, was wir dazu beitragen können, um gesund zu bleiben. Vorerst ist es sinnvoll dem Körper von außen die bestmögliche Unterstützung zu geben, um einwandfrei zu funktionieren: Eine gesunde und ausgewogene Ernährung, ausreichend Bewegung und genügend Sauerstoff. Der wichtigste Faktor ist ein wacher und gesunder Geist. Denn das, was den Körper bewohnt und lenkt, wird sich natürlich auch auf seine Gesundheit auswirken.

Man hat seit jeher in die Forschung investiert, um Krankheiten zu bekämpfen, anstatt herauszufinden, wie man Gesundheit aufrechterhalten kann. Eigentlich ist die Natur die Hausapotheke des Menschen, die sehr viel zu bieten hat.

Über die Gesundheit gibt es sehr viele gute Bücher. Ich habe auch schon über sie geschrieben und deshalb möchte ich hier nur ein paar Punkte aufführen. Dieses Thema ist sehr umfangreich und kann nicht in ein paar Sätzen abgehandelt werden. Doch neben der Gesundheit gibt es noch das Wohlbefinden, das weit über eine gute körperliche Verfassung hinausgeht. Wahres Wohlbefinden ist nicht von Lebensumständen abhängig, weder von Situationen noch von Krankheit oder Gesundheit. Es ist ein natürlicher Nebeneffekt einer natürlichen Lebenshaltung, die eine bewusste innere Grundhaltung mit sich bringt.

Wohlbefinden sollte also nicht mit Gemütlichkeit, Geselligkeit oder Entspannung verglichen werden. Wahres Wohlbefinden wohnt in uns. Dem Wohlbefinden ist es nicht möglich aus seinem Versteck zu kommen. Wir müssen es abholen und dort aufsuchen wo es ist, um es ins Leben einzuladen. Ich weiß, es ist leichter irgendwo hin zu spazieren und einen angenehmen Ort aufzusuchen, als nach innen zu gehen.

Dabei haben wir alle die nötigen Voraussetzungen mitbekommen, die wir dazu benötigen. Es fällt uns nur schwer, weil wir diesbezüglich Neuland betreten. Wir stellen uns hier etwas hilflos an, weil uns der

Verstand nicht weiterhelfen kann. Wir können uns doch immer auf ihn verlassen und er führt uns so gut durchs Leben. So hilfreich er ist, hier ist sein Weg zu Ende und das Herz kann die Führung übernehmen. Dessen Anweisungen können wir aber nicht auf Anhieb hören und es kommuniziert sich so schlecht. Es braucht viel Geduld und Durchhaltevermögen, um diese innere Stimme einordnen zu können.

Vor allem braucht es die Zuwendung und die Zeit, immer wieder hinzuhören und zu versuchen, diese nicht hörbaren Botschaften einzuordnen. Wir dürfen es nicht wollen, sondern uns diesbezüglich treiben lassen und darauf vertrauen, dass wir es zum gegebenen Zeitpunkt mit unserem Herzen erfassen können.

Wie Gedanken unser *Leben* bestimmen

KAPITEL 16

Die Naturwissenschaft geht davon aus, dass das duale System das Fundament des Lebens ist. Der Mensch ist eine Art Maschine. Materie wird durch Physik ergänzt, wobei die Metaphysik eine ganz andere Sichtweise vertritt. Nämlich die des Geistes. Auch antike Philosophien sowie fernöstliche Traditionen sprechen von einem Dahinter. Dass die Wissenschaft am Dualismus festhalten will ist durchaus verständlich. Man hat viel Zeit und Glauben in dieses Wissen gesteckt und der Glaube hat sich über die Jahre tief in uns eingebrannt.

So kann ein Wissenschaftler nicht plötzlich sagen, ab heute sage ich, dass die Welt anders ist. Dieses Wissen, welches durch Isaac Newton begründet wurde, hat eine ganze Menschheit geprägt und auch die Medizin hat es übernommen. Deswegen wird der Mensch hier als Körper, als Instrument angesehen, der wie eine Maschine funktioniert. So ist die Ausbildung der Ärzte durchaus gut, aber einseitig, Sie bezieht sich nur auf das Instrument, aber nicht auf den Menschen als Ganzes. Ja, die Welt ist in Bewusstsein eingebettet, das dem Dualismus untergeordnet ist, doch Materie ist ganz bestimmt nicht das, was wir sind.

Dank Metaphysik steht nun auch wenigstens ein Teil der Wissenschaft hinter der Erkenntnis, dass der Mensch kein aus Zellen aneinander gereihter Fleischapparat ist, sondern dass es etwas gibt, was dieses Zellfeld steuert. Es wird beseelt und kann nur aus diesem Grund leben und überleben.

Die Steuerung des menschlichen Körpers liegt im Gehirn. Alles was in unserem Leben passiert, ist kein unglücklicher oder glücklicher Zufall. Die Signale, die das Hirn an uns weitergibt, erzeugen ein Verhalten. Dieses Verhalten baut eine Beziehung zur Außenwelt auf und beeinflusst es. Unsere Gedanken haben einen wesentlichen Einfluss auf unser Leben. Trotzdem denken wir den ganzen Tag irgendetwas vor uns hin und geben jedem kleinsten Gedanken unsere Aufmerksamkeit. Wir wissen, dass Gedanken unser Leben steuern und sind im Umgang mit ihnen weiterhin sehr unachtsam geblieben. Ein Grund für dieses Verhalten könnte sein, dass wir die Wirkungen unserer Gedanken nicht sehen und bewusst wahrnehmen können. Wenn Sie im Hochsommer auf ein Autodach greifen und bemerken, dass es so heiß ist, dass man Spiegeleier darauf braten könnte, werden Sie sicher kein zweites Mal hin greifen. Ihre erste Reaktion wird ein sofortiges Wegziehen der Hand sein und Sie werden sich hüten diese Handlung zu wiederholen. Dennoch gehen wir mit unseren Gedanken so um. Es tut ja nicht weh, wenn wir etwas denken, das unangenehme Wirkungen nach sich ziehen wird, was also sollen wir tun?

Als erstes sollten wir uns bewusst machen, dass unsere Gedanken einem Programm unterliegen, das wir uns über Jahre hinweg zugelegt haben. Die Gedanken folgen einer gewohnten Bahn, die uns immer wieder in ungute Situationen bringen. Außerdem geben wir unseren Gedanken zu viele Freiheiten.

Wir haben das Denken zu unserem Führer gemacht und lassen ihm dabei freie Hand, unser Leben nach seinen Ideen zu gestalten. Dies passiert aus der Unwissenheit heraus, dass wir glauben, unser Denken zu sein. *Der Verstand mag wichtig sein, doch er ist nicht das Wichtigste.* Er ist ein Hilfsmittel, das uns ermöglicht, unser Leben zu bewerkstelligen. Er ist wie die Elektronik eines Fernsehers, die funktionieren muss, wenn wir ihn benutzen wollen. Die Elektronik eines Fernsehers ist so wie das Gehirn des Körpers.

Das TV Gerät ist nicht sein Innenleben und der Mensch nicht sein Verstand. Das TV Gerät ist wie der Körper, die Hülle für sein Innenleben. Die Hüllen können nur funktionieren, wenn sie Signale empfangen. Das TV Gerät tut dies mittels Wellen, das Gehirn mittels Impulse. Das Gehirn sendet ein Signal und der Mensch reagiert. Doch das Hirn kann so wie der Fernseher von selbst nicht funktionieren. Es ist die Seele die den Menschen belebt.

Gedankenstille muss nicht sein. Außerdem wäre es unnatürlich. Gedanken kommen und gehen, das ist normal. Wir verhalten uns so, als sei jeder Gedanke ein Gast, um den wir uns kümmern müssen. Das ist aber nicht so. Die Gedanken wollen eigentlich vorbei spazieren, doch wir halten sie mit Gewalt fest und reden mit ihnen so lange, bis sie selbst verwirrt sind und den Plan verlieren. Viele Menschen wissen, dass sie zu viel denken und sie fühlen sich damit auch nicht besonders gut. Versuchen Sie Gedanken weder loszuwerden noch zu kontrollieren, es wird nicht funktionieren.

Gedankenstille sowie Gedankenkontrolle sind Versuche, die zum Scheitern verurteilt sind. Wir können Gedanken nicht einfach loswerden. Sie lassen sich nicht abschütteln. Wir denken, dass wir unsere Gedanken sind. Wir aber haben Gedanken, wir sind sie nicht.

So wie wir unser Spiegelbild, das wir in klarem Wasser sehen nicht wegschieben können, genauso wenig wird das mit dem Denken funktionieren. Wir können das Wasser aufwühlen, damit das Bild für kurze Zeit verschwommen und schlecht zu erkennen ist, aber es wird sicher nicht verschwinden. Erst wenn wir aufstehen und weggehen, wird es auch nicht mehr da sein. Ergründen Sie sich und ergründen Sie Ihr Denken.

Nur wenn Sie erkannt haben, was es mit den Gedanken auf sich hat und was Sie überhaupt mit Ihnen zu tun haben, wird sich der Schleier lichten. Jeder Mensch spricht immer von seinen Gedanken. Sind es tatsächlich Ihre?

Machen Sie es zu Ihrer Lieblingsaufgabe, das Mysterium jenseits der Welt zu erkunden. Zu diesem Experiment dürfen Sie all Ihre Sinne einladen. Es ist spannender und interessanter als jedes Fernsehprogramm, wenn man wirklich bereit ist, sich möglichen Antworten zu stellen. Die werden Sie mit Bestimmtheit auch dann finden, wenn Sie keine Fragen gestellt haben. Es braucht nur ein wenig Mut und viel Zeit, die Sie mitbringen sollten. Nichts ist wichtiger, als sich selbst zu erforschen. Wer sich nämlich kennenlernt, beginnt die Welt mit anderen Augen zu sehen. Mit Kennenlernen meine ich nicht Ihre Person, Ihre Verhaltensweisen, Charaktereigenschaften etc., sondern Ihr wahres Wesen.

Besonders interessant ist es, seine Gedanken zu „studieren". Zuerst einmal festzustellen, was da abläuft, um es anschließend festzuhalten. Dies dient nicht dazu, um es nicht mehr loszulassen, sondern sich seiner Denkmuster bewusst zu werden.

- *Woran denke ich ständig?*
- *Warum denke ich immer gleich?*
- *Warum befürchte ich immer dasselbe?*
- *Warum denke ich stets über dasselbe nach?*
- *Wie kann ich das ändern, sein lassen, umprogrammieren?*
- *Woraus entstehen Gedanken?*
- *Habe ich einen Einfluss auf sie?*
- *Denke ich absichtlich und gewillt?*
- *Wovor habe ich Angst?*
- *Was würde passieren, wenn meine Befürchtungen eintreten würden?*
- *Was würde sich ändern?*
- *Welche Folgen hätte dies?*
- *Gelingt es mir den aufsteigenden Gedanken, für mindestens eine Stunde keine Aufmerksamkeit zu schenken?*

Wer das belächelt, dem wird zukünftig wohl das Lachen vergehen. Gedanken formen Ihre Zukunft und es ist ganz gut, wenn man die Ursache von unerwünschten Wirkungen klar erkennt und verändern kann, bevor etwas eintritt, was man sich so überhaupt nicht vorgestellt und gewünscht hat. Distanzieren Sie sich von Ihren Gedanken, die nicht notwendig und überflüssig sind. Es werden sicher über 95% sein. Wir bewegen die Gedanken in unserem Kopf hin und her.

Der Kopf ist wie ein großes, schweres und behäbiges Fass, das bei jedem Gedankengang kräftig durchgeschüttelt wird. Damit wir klarer werden können, muss sich als erstes diese Bewegung im Kopf beruhigen. Die Wogen müssen sich glätten. Dies bedeutet, den Gedankenschwall beruhigen. Und wie macht man das?

Auf Distanz gehen und nicht jedem Gedanken seine Aufmerksamkeit schenken. Ständiges Nachdenken verwirrt und kann keine klare Zukunft nach sich ziehen. Je ruhiger die Gedanken, umso ruhiger wird sich das auf die Lebensumstände auswirken.

Gedankenmuster erkennen und durchbrechen

Nehmen wir an, folgender Gedanke tut sich auf: „Ich muss unbedingt noch Kartoffeln kaufen." Dann fällt uns noch ein, was wir noch brauchen könnten. Wir stehen gedanklich schon im Supermarkt und gehen ihn ab. Da fällt uns noch dies und das ein. Das Geschirrspülmittel ist auch bald alle. Bei dem Gedanken erinnern wir uns, dass die Geschirrspülmaschine dringendst eine Wartung braucht. Bei dieser Firma müssen wir unbedingt anrufen. Beim Gedanken „anrufen" klingeln die Alarmglocken. Die Handyrechnung ist noch nicht bezahlt. So oder ähnlich verlieren wir uns in Gedanken, die noch recht harmlos sind. Nicht ganz so harmlos sind die sorgenvollen Gedanken. Zum Beispiel, wenn wir an die Tochter denken, die in ihrer Ehe gar nicht glücklich ist. Wenn das bloß gut geht! Wie das wohl weiter geht? Was ist wenn er eine andere hat? Und was passiert wenn sie sich trennen. Was wird aus den Kindern? Das Kleinste wird das nicht verkraften. Das könnte sein.

Fest steht, dass Sie es schon jetzt nicht verkraften. Ihre Vorstellung bringt Sie in eine emotionale Zwangslage, die nicht notwendig ist. Machen Sie sich gerne Sorgen? Macht es Ihnen Spaß in Horrorvisionen umherzuirren? Sie sehen sich schon mit dem weinenden Kind auf dem Schoß in einem Raum sitzen und trösten es schon, obwohl Ihre Tochter noch verheiratet ist.

Um jemanden zu trösten kann man nicht früh genug anfangen. Aber schon damit anzufangen, bevor etwas geschehen ist, macht keinen Sinn. Wie soll die Ehe Ihrer Tochter besser werden, wenn Sie so darüber denken? Wenn dies mehrere Menschen tun, wie soll es dann anders sein können? Sie wissen scheinbar ja schon wie es ist. Den Mann Ihrer Tochter haben Sie auch schon verurteilt und eine Geliebte untergejubelt. Möchten Sie, dass man mit Ihnen so umgeht? Dass solche Gedanken nicht sein müssen, das brauche ich hier wohl nicht zu erwähnen. Sie wissen es selbst, aber abstellen? Geht das? Abstellen ist nicht das richtige Wort, aber Sie können gezielt damit beginnen, den ersten Gedanken, in diesem Fall die unglückliche Ehe Ihrer Tochter, keine Möglichkeit geben sich weiterzuentwickeln. Wer sagt, dass diese Ehe tatsächlich unglücklich ist? Können Sie das wissen? Will es Ihre Tochter anders? Ist diese

Ehe tatsächlich so, wie Sie darüber denken? Bevor wir mit den Gedanken anders umgehen können, gilt es, sich es bewusst zu machen, dass dieses Durcheinander an Gedanken den Großteil unseres Tages füllt.

Wenn Sie gedankenverloren durch die Straßen gehen, jemanden treffen, kurz begrüßen und sich mit ihm austauschen und dann weiter spazieren, wissen Sie nicht mehr, dass Sie vorher in einem Gedankengang verstrickt waren. Ihnen ist es auch nicht bewusst, dass Sie danach in dasselbe Thema wieder hineinfallen oder ein ganz anderes nachverfolgen. Was auch immer Sie denken, müssen Sie sich einmal bewusst werden, dass Sie ständig nachdenken.

Wenn Sie schmutzige Schuhe haben und das nicht bemerken, weil Sie es nicht sehen können, werden Sie diese nicht putzen. Warum auch? Sie wissen es ja nicht. Warum? Weil Sie Ihre Aufmerksamkeit woanders hin ausgerichtet haben und abwesend sind. Mit diesem Abwesend-Sein erschaffen Sie sich eine Traumwelt, in der Sie sich den ganzen Tag über bewegen.

Sich in Befürchtungen oder sonstigen Gedanken zu verlieren ist ein Verhalten das unbedingt korrigiert werden muss. Es ist eine Art Mechanismus, nennen wir es Gewohnheit, dass wir uns in jeden Gedanken hineinbegeben und uns oft über Stunden hinweg darin aufhalten. Es geht nicht darum, nicht denken zu dürfen, sondern Gedanken nicht bis ins Endlose weiterzuverfolgen.

Alle Folgegedanken gehen ins Endlose über und irgendwann wissen wir gar nicht mehr, warum wir jetzt eigentlich über die Tochter nachdenken, wo wir doch eigentlich nur Kartoffeln kaufen wollten. Dieses Endlos-Denken kann jederzeit verändert werden. Wie gesagt, als Erstes sollten wir es anerkennen und anschließend als eine Belastung erkennen. Wenn Sie das jetzt lesen und sich vornehmen sich daran zu erinnern, wird es Ihnen nur hilfreich sein, wenn es Ihnen während einer solchen Attacke der Gedanken in den Sinn kommt.

Meistens sind Sie dann in Ihrem Element und freuen oder ärgern sich über Ihre Gedanken so sehr, dass Sie das sicherlich vergessen werden. Wer jetzt denkt „Mein Gott, das bisschen Denken macht doch nichts", der wird sich garantiert nicht erinnern und auch nicht erinnern wollen. Wer jetzt denkt „Daran werde ich mich ganz bestimmt erinnern!", der hat gute Chancen es zu 50% nicht zu vergessen. Wer jetzt denkt „Jetzt wird mir erst bewusst, was ich mit meinen Gedanken anrichte. Und wenn sie meine Zukunft formen, werde ich jetzt aber gut darauf achten, nicht alles kaputt zu denken. Das war mir bis jetzt ja gar nicht bewusst. Ja, ich wusste es, aber mir fehlte die Einsicht. Ich habe die Tragweite jetzt erkannt", der hat sehr gute Chancen, sich daran zu erinnern.

Vielleicht haben Sie ab jetzt ein schlechtes Gewissen, wenn Sie sich in Gedanken verlieren. Das sollten Sie gleich wieder ablegen. Also wie gehen Sie jetzt vor, wenn Sie bemerken, dass ein Gedanke hochkommt der Ihnen nicht gut tut und den Sie jetzt nicht weiterdenken wollen? Nun, der erste Schritt ist getan. Sie haben eine Lücke geschaffen und ihn erstmals auf Eis gelegt. Das ist schon ein sehr eindrücklicher Schritt, der wesentlich einfacher erscheint als er tatsächlich ist. Nun machen Sie Folgendes: Denken Sie an etwas, dass Ihnen besondere Freude bereitet. Versuchen Sie dieses Bild immer wieder zu beleben, wenn Gedanken hochkommen, denen Sie keinen Raum geben wollen. *Malen Sie sich dieses Ereignis in allen Farben und Emotionen aus. Wenn es die Umstände zulassen, schließen Sie die Augen und geben Sie sich diesem Bild hin.*

Diese Vorstellung sollten Sie beibehalten. Es soll zu Ihrer Rettungsinsel werden, wenn Sie den Gedanken ausweichen wollen. Denkprogramme können umgeleitet werden. Es braucht Ausdauer und Zeit. Ein Bach der seit jeher seinen Verlauf nimmt, wird durch entfernen eines Steines nicht gleich die Richtung ändern.

Es braucht viel Geduld und tägliche Aufmerksamkeit, um die eingeprägten Spuren des Denkablaufs zu lockern. Wenn Sie Ihren Gedankenfluss wirklich verstanden haben, geht es im zweiten Schritt darum, ein bewussteres Umgehen mit Gedanken zu erreichen und alte Verhaltensweisen zu durchbrechen. Trägen Gedankengängen muss nach und nach der Nährboden genommen werden. Arbeiten Sie daran.

Und um nicht wieder in alte Verhaltensformen zurückzufallen, denken Sie immer wieder an Ihre Oase, das wird Ihnen dabei helfen, das Chaos im Kopf zu sortieren. Schritt drei stellt sich dann irgendwann von selbst ein. Dies ist das Durchschauen der Gedanken, das auf den Ursprung verweist. Bis dahin bleiben Sie auf Ihrer Oase. Da sind Sie gut aufgehoben.

Tepperwein
Erfahrungsschatz

Energetisches Management:

Eine Lebensführung für eine Zukunft, die man sich wünschen kann

KAPITEL 17

Das von Kurt Tepperwein entwickelte „Energetisches Management" beinhaltet unterschiedliche Werkzeuge, die Ihnen dabei helfen sollen, Ihr Leben von Morgen JETZT in die richtigen Bahnen zu lenken. Lesen Sie hier eine Zusammenfassung der wichtigsten Punkte, die ich jahrelang erprobt, gelebt und erfolgreich umgesetzt habe.

Was ist zu beachten? Was können Sie tun, um eine Zukunft zu kreieren, die harmonischer und lebenswert ist? Beginnen Sie erst einmal damit, sich die Fähigkeit anzueignen, eine neue energetische Ursache, welche Sie ja selbst sind, zu setzen, damit diese durch Ihre neue positive Ausstrahlung nur noch wunderbare Ereignisse in Ihr Leben ziehen kann. *Nutzen Sie Ihre Aktivität richtig, indem Sie auf Ihre innere Stimme hören, die Ihnen dabei hilft, das noch ungenutzte kreative Potential vollumfänglich zum Ausdruck zu bringen. Es ist bereits in Ihnen.*

Es ist ein Teil von Ihnen, sozusagen in Ihnen angelegt. Setzen Sie diese, in Ihnen angelegten inneren Fähigkeiten, für ein allgemeines harmonisches Leben im Alltag um, so wird sich das natürlich auch in allen Lebensbereichen auswirken und Sie fühlen sich einfach nur wohl. Erwecken Sie durch natürliches Energetisches Management die Fähigkeit, Beziehungen, unvorhergesehene Lebenssituationen oder auch Lebensumstände bewusster zu betrachten, damit auch bewusster zu gestalten und bewusster damit umzugehen.

Dadurch ergibt sich dann oftmals ein neuer potentieller, klarer Richtungswechsel. Energetisches Management geschieht auf der energetischen Ebene, wenn alles Notwendige getan wurde, ohne im Außen etwas getan zu haben. Das Leben kann sich nur noch von der besten Seite zeigen, obwohl sich die Lebensumstände nicht willentlich verändert haben, geschieht auf der unsichtbaren energetischen Ebene eine vorerst noch unsichtbare, neue Form des bevorstehenden Lebens. Deshalb ist es vorerst von Wichtigkeit, das Leben so wie es sich jetzt zeigt zu bejahen, alles so anzunehmen wie es jetzt ist und mit dem Strom des Lebens zu schwimmen. Das ist wahre Lebenskunst und gehört zum energetischen Management. Jeder trägt diese Fähigkeit in sich, wir brauchen sie nur richtig zu nutzen.

Wir sind dem Leben nicht ausgeliefert, auch wenn es so scheinen mag. Nein, das Leben folgt unserem jetzigen Zustand, unseren Gedanken und Tun, dies gilt es zu erkennen. Beabsichtigte Ergebnisse können uns erreichen, sofern sie uns entsprechen. Dies zu erkennen und zu entfalten ist unumgänglich, wenn Sie zufrieden sein und ein Leben erfahren wollen, das rundum stimmig ist.

Energetisches Management in Kurzübersicht:

1. Das bewusste Ausrichten der Aufmerksamkeit
2. Das geistige „in Besitz nehmen"
3. Das Gesetz der Wandlung
4. Das Loslassen
5. Das Resonanzprinzip
6. Das Segnen
7. Der Glaube
8. Die „energetische Anprobe"
9. Die „energetische Signatur"
10. Die „Sprache des Lebens"
11. Die Intuition
12. Die Liebe
13. Die Macht der Gedanken
14. Die Schöpferische Imagination
15. Richtige Entscheidungen treffen

1. Das bewusste Ausrichten der Aufmerksamkeit:

Die bewusste und klare Ausrichtung ist für die Beschleunigung der eigenen Entwicklung und die Veränderung welche wir anstreben von höchster Notwendigkeit. Je schneller sich etwas in unserem Leben verändert, umso flexibler werden wir dadurch und umso anpassungsfähiger sind wir. Das heißt unsere wahre Identität, welche bis jetzt noch im Verborgenen war, tritt hervor und wenn wir es zulassen, bekommt unser Leben dadurch eine aktive stärkende Dynamik. So werden wir uns immer schneller bewusst, wann und wo wir unbewusst waren und wo es hakte. Es benötigt eine gewisse Zeit, bis sich eine neue Sichtweise und ein weiteres neues Denken, so wie unser voriges altes Denken, einprägen können.

Bis es sich mit großer Selbstverständlichkeit in uns eingraviert, sollten wir Geduld haben und uns in Disziplin üben. Diese Disziplin ist aber kein muss, sondern eine freiwillige Kontinuität an bewusstem Sein. Wer abschweift, kann zurückkehren, wer sich vergisst, auch. Das Leben erwartet bewusste Anweisungen, die nur Sie geben können. Nutzen Sie Ihre schöpferischen Qualitäten regelmäßig. So wie das Atmen ganz automatisch vor sich geht, so wird sich auch eine kontinuierliche tägliche bewusste Ausrichtung einspielen, bis sie eines Tages ganz automatisch abläuft. Tun Sie es aber nicht krampfhaft, so könnte es womöglich anstrengend sein.

Nur mit spielerischer Leichtigkeit gelingt es und bringt Freude mit sich. Was ist Ihnen lieber, Ihr Problem zu lösen oder in Ihrem alten Problem zu verharren? Wollen Sie wirklich darauf warten, dass es vielleicht irgendwann von selbst besser wird?

Das können Sie, aber das wird nicht geschehen. Sollte es besser werden, kommt ein weiteres Problem auf Sie zu und wer wegsieht wird mit immer hartnäckigeren Problemen konfrontiert. Unsere wertvolle Lebensenergie fließt dahin, worauf wir unsere ganze Aufmerksamkeit richten. Und diese Kostbarkeit ist ja auch unsere wahre Schöpferkraft, also lassen wir sie nicht sinnlos verpuffen, sondern nutzen wir die Gunst der Stunde. Jetzt, wo Sie dieses Buch, bzw. diese Worte lesen, können Sie sich für die Kreativität in Ihrem Leben und für die Spontaneität entscheiden. Wer für Liebe und das Allerbeste, was einem das Leben zu schenken hat bereit ist, wird es empfangen, sofern er dafür offen ist und es auch zulässt. Wenn Gedanken an ein Problem kommen, achten Sie darauf dass Ihre Aufmerksamkeit nie länger als ein paar Atemzüge darauf bleibt und lassen Sie diese Gedanken wie Wolken vorbeiziehen. *Ziehen Sie die Konzentration von den Gedankenfeldern ab und lenken Sie sie sofort auf das, worauf Sie sich ausgerichtet haben.*

Es ist wirklich unverzichtbar dies immer wieder zu festigen, bis es sozusagen in Fleisch und Blut übergegangen ist. Verurteilen Sie sich nicht dafür, wenn es nicht immer gleich gelingen mag. Das ist auch sehr wichtig, denn wer mit sich selbst hart ins Gericht geht, dessen Leben wird auch nur dementsprechend verlaufen können.

Wir mögen uns manchmal in unseren Gedanken verirren, doch ist es auch wichtig wieder herauszufinden. Das gelingt nur mit Bewusstsein im bewussten Sein. Ziehen wir ganz bewusst die Aufmerksamkeit von Krankheit, Not, Leid und Mangel ab und richten wir sie stattdessen auf Gesundheit, Fülle, Wohlstand und Freude. So werden diese positiven Zustände auch in Erscheinung treten können, ja sogar müssen. Schauen wir etwas genauer hin, wenn in unserem Leben etwas nicht so läuft wie es sein sollte, anstatt gleich wegzulaufen oder die Situation zu untergraben.

Sehen wir hin, wo wir uns selbst im Wege stehen und wo wir, wie man so schön sagt auf der Leitung stehen. Immer wiederkehrende Neuausrichtung auf das, was wir in unser Leben ziehen möchten und was uns schließlich befriedigt und uns ein wunderbares Lebensgefühl zu schenken vermag, sollte an der Tagesordnung stehen.

Wir putzen uns ja auch jeden Tag mindestens zwei Mal die Zähne, also ist es ganz normal sich auch dorthin zu wenden, was gepflegt werden möchte. Sei es ein Wunsch oder ein Ziel, durch ewiges Nachdenken werden wir es nicht erreichen. Pflegen Sie auch Ihre Gedankenwelt, doch nicht mit Aufmerksamkeit, sondern mit Abwendung. Gedanken wollen ständig Aufmerksamkeit haben, die gehört aber ganz und gar dem Augenblick, sowie der Vorstellung, wie es sein sollte und wie wir es uns wünschen. Wer sich immer damit beschäftigt wie es nicht sein soll und sich darum sorgt, wie er es nicht haben will, muss sich nicht darüber wundern, dass es so bleibt wie es ist oder sich sogar noch verschlechtert. Sehen Sie, wie wichtig Gedankenhygiene ist?

Wir brauchen nicht alles in uns hereinlassen, was so an uns vorbei segelt. Wir schauen auch nicht jeder Wolke hinterher, oder? Mit jedem Gedanken welchen wir unsere Energie geben, holen wir genau diese Qualität in unser Leben. Laden Sie Ihre Gedanken aus und nur das ein, worin Sie sich wohl fühlen und Sie werden sehen, dass sich Ihr Leben zum Positiven ändern wird.

2. Das geistige „in Besitz nehmen":

Um etwas geistig in Besitz nehmen zu können sind einige Schritte erforderlich.

Der erste Schritt: Sie stellen sich vor Ihrem inneren geistigen Auge den erwünschten Endzustand vor. Prüfen Sie für sich, ob sich das, was Sie sich wünschen, wirklich optimal anfühlt. Ist es das, was Sie wirklich wollen? Ist es wirklich auf allen Ebenen erfüllend? Fühlen Sie mit allen Sinnen, ob der gewünschte und vorgestellte Endzustand wirklich das ist, was Sie wollen und ob er Sie wirklich zufrieden und glücklich macht. Spüren Sie sich so lebendig wie möglich, mit allen Fasern Ihres Herzens, in die neue Situation hinein, welche Ihrem geistigen Auge vorschwebt.

Der zweite Schritt: Verbinden Sie sich nun, nachdem Sie Ihre Wahl getroffen haben, mit dem Endzustand welcher für Sie wünschenswert ist. Indem Sie es als bereits geschehen erleben, sehen, riechen, fühlen, schmecken, hören und erfassen, manifestiert es sich auf allen Ebenen. Erleben Sie die Herrlichkeit Ihres gewünschten Zieles und geben Sie sich dieser Vorstellung hin. Richten Sie sich den Endzustand zu Recht, so als ob Sie Ihre Wohnung einrichten würden. Lassen Sie kein noch so kleines Detail aus, da alles, ja jede Kleinigkeit von äußerster Wichtigkeit ist. Machen Sie es sich in Ihrer neuen Wohnung so gemütlich wie möglich. Alles ist neu und wunderbar. Neue Pflanzen, neue Musik, neue Vorhänge. Alles ist neu.

Der dritte Schritt: Erfüllen Sie Sich mit Dankbarkeit. Ist der Auftrag vom Leben angenommen, wird Sie das mit einem starken Gefühl von Freude und Dankbarkeit erfüllen und durchglühen. Die Verwirklichung ist bereits im Vollzug und Ihr Auftrag wird vom Leben bereits umgesetzt. Nichts steht der Manifestation und Verwirklichung mehr im Wege. Freuen Sie sich einfach und haben Sie Geduld. In Ihnen schwingt die Gewissheit, dass etwas Neues kommt bzw. dass es schon da ist. Seien Sie sich gewiss und felsenfest sowie zweifelsfrei davon überzeugt, dass das, was Sie erwarten, bereits hier ist. Üben Sie sich in Geduld, denken Sie nicht daran. Zweifeln Sie nie! Jeder Zweifel kommt einer Abbestellung gleich.

3. Das Gesetz der Wandlung:

Wer sein Bewusstsein erweitert, die alte Sichtweise durch eine neue unbegrenzte erweitert und verändert, der wird achtsamer und sein Leben bewusster erleben. Durchschauen wir die Illusion und erkennen wir uns als das eine Bewusstsein. Unser Auftrag ist es, vom persönlichen Ich in einen übergeordneten Zustand überzugehen, ansonsten gibt es auf der Erde nichts zu tun. Leben wir als das eine Bewusstsein, so kann unser jetziges Leben eine völlig neue Realität annehmen.

Es wird nicht nur stimmiger und schöner, sondern auch erfüllender und freier sein. Das Leben wartet auf unsere Anweisungen und befolgt sie. Das heißt, alles was wir hineingeben, nimmt es in sich auf und gibt es uns in umgewandelter Form wieder. Es ist so, als wenn Sie eine Suppe kochen. Die Zutaten bestimmen das Ergebnis. Es ist wie ein Computer, er gibt nur das wieder, was wir eingegeben haben. Da gibt es eine Festplatte auf der Daten gespeichert sind und nur diese Daten können abgerufen werden. Manchmal fragt er uns, der Computer sogar, ob wir das Programm wirklich beenden wollen, wenn wir im Begriff sind es zu schließen.

Wir müssen dann mit einem Ja oder einem Nein reagieren oder abbrechen anklicken. Genau so ist es mit unseren inneren Programmen. Wenn wir ein Programm schließen wollen, um ein neues aufzumachen, bzw. etwas verändern, weil wir etwas anderes tun wollen, dann fragt uns der Verstand und da ist eine klare Antwort unumgänglich.

Diese läuft aber meist nur emotional ab und kann oft nicht wahrgenommen werden. Dinge welche wir einmal getan haben und jederzeit wieder von uns getan werden können sind Tatsachen.

Eine Sache und eine Tat ergeben also einfach ausgedrückt eine Tatsache. Dies sind Programme, die zu Gewohnheiten mutiert sind, wie zum Beispiel immer wieder kehrende Verhaltensweisen und Reaktionen. Diese „Tatsachen" können jederzeit neu bestimmt und verursacht werden. Und wie? Indem wir das Instrument „schöpferische Imagination" für die innere Wandlung nutzen. *Wir ändern die Richtung der Energie, indem wir die permanente Aufmerksamkeit auf das richten und lenken was jetzt Sache ist.* Damit ändert sich auch die Tatsache. Unstimmiges kann sofort umgewandelt und mit Hilfe der Achtsamkeit gelöst werden, welche immer in uns allgegenwärtig und voll bewusst wahrgenommen werden sollte. Alles kann in das umgewandelt werden, was jetzt sein soll und absolut stimmig ist.

Es gibt keine Situation welche nicht sofort wandelbar wäre. Sobald wir bewusst, zu Bewusstsein gekommen, also zu uns erwacht sind, geschieht Wandlung. Wandlung beginnt im Bewusstsein. Beginnt sich in uns eine innere Wandlung und Erneuerung einzustellen, geschieht auch im äußeren Leben eine neue Manifestation.

So sieht es dieses Gesetz der Wandlung jedenfalls vor. Dieses Gesetz ist unumgänglich und für jedermann gültig. Deswegen nutzen wir es auch für uns. Wir haben so viele Chancen etwas zu verändern und tragen ein unermessliches Potential in uns. Warum lassen wir es ruhen? Warum verschmähen wir es? Wir alle sind Schöpfer und wenn wir das endlich erkennen, dann wird das Leben wunderbar sein und sich auch von der besten Seite zeigen.

Dafür müssen wir unsere beste Seite entdecken und entfalten. Leben Sie sie jetzt, denn der erste Schritt ist der wichtigste. Ist der erst getan, geschieht alles wie von selbst, wenn Sie bereit sind, sich dem Leben zu stellen. Wer Widerstand leistet, steuert gegen diesen automatischen Ablauf, der immer nur das Beste für uns will. Vertrauen, Mut und Geduld sind die drei Eckpfeiler, die unumgänglich sind. Machen Sie sich diese zu Eigen, damit sich endlich etwas wandeln kann.

4. Das Loslassen:

Unsere wahre Identität zu erkennen, beginnt mit dem ersten Schritt, das losgelassen zu haben, was ihr bis dahin im Wege gestanden hat. Wenn unser Bewusstsein weit wird und sich ausdehnt, erhält es einen neuen Blickwinkel. Dies bedeutet, dass sich die Sicht weitet. Das was uns eingeengt, sozusagen zugeschnürt hat, was nicht mehr stimmig ist, weil es einfach nicht mehr stimmt, dürfen wir getrost aus unseren alten Vorstellungen entlassen.

Wie schon das Wort sagt, es ent-lassen. Wenn wir unserem Bewusstseinsfeld den nötigen Platz einräumen und den vorüberziehenden Wolken keine Beachtung mehr schenken, können sich diese Wolken endlich auflösen. Sie sind nichts weiter als vorübergehende Gebilde, welche uns einer Täuschung erliegen ließen und an denen wir uns irrtümlich festgeklammert haben. Loslassen bedeutet, wirklich zu leben, damit zu beginnen frei und ungezwungen, ohne Bindung und Anhaftungen, durch das Leben zu gehen. Auf jeden Fall bedeutet es auch, nicht ohne Eigenverantwortung weiterzumachen. Verantwortung bedeutet nichts und niemanden mehr zu beschuldigen und Dinge, welche auf die lange Bank geschoben wurden, endlich anzugehen, auch wenn sie einem als unangenehm erscheinen. Das Leben hat keine Schuld an unserer Situation. Auch der Partner, die Kinder, der Chef und die Freundin können nichts für unsere Umstände, auch wenn wir sie damit in Verbindung bringen und durch sie etwas ausgelöst wurde. Verursachen tun wir alles immer nur selbst. Dies einzusehen ist verantwortungsvoll.

Jeder Mensch hat Dinge zu erledigen, die sich ihm in seinen Lebensweg stellen. Sie sind da und warten darauf von ihm erledigt zu werden. Oft tun wir aber nur das, was wir tun wollen und das was uns weniger Freude bereitet, dem weichen wir aus. Stellen wir uns unseren Aufgaben und tun wir das, was im Moment getan werden soll. Was nützt es, unsere Aufgaben vor uns her oder von uns weg zu schieben? Dadurch lösen sie sich nicht auf, sie bleiben bestehen.

Ein schlechtes Gewissen kommt noch hinzu, weil wir wissen, dass wir etwas tun sollten, wovon wir uns drücken. Doch Warten ändert nichts daran. Ganz im Gegenteil, die Last wird fast unerträglich, da sich das „energetische Konto" ins Minus bewegt und nicht im Ausgleich, sprich in der Balance ist. *Auf Schritt und Tritt selbstkritisch und diszipliniert zu sein, ist in dieser neuen Phase eines bewussteren Daseins wesentlich und hilfreich, auch wenn es anfangs als anstrengend und mühsam empfunden wird.* Doch wenn wir uns nicht dahinter klemmen, werden sich die alten Gewohnheiten nie verabschieden.

Sie hindern uns daran in ein neues Sein einzutreten und zu uns zu erwachen. Wut, Zorn, Aggressivität, Ablehnung, Widerstände, ja alles Mögliche kann jederzeit da sein und zum Vorschein kommen. Am besten ist es, es einfach zu fühlen und zu beobachten. „Ah, jetzt fühle ich mich aber wirklich zornig! O.k., dann fühle ich mich halt so." Es geht vorüber, dessen sollte man sich gewiss sein. Wichtig ist es, niemandem die Schuld zu geben, auch wenn wir bis jetzt vielleicht immer gesagt haben, der Partner oder der Chef, oder die Autofahrer vor uns sind schuld. Der hat dies oder der andere jenes getan. Nichts da.

Diese Zeiten sind endgültig vorbei, wenn wir uns der Verantwortung für alles was wir denken und sprechen voll bewusst sind. Das heißt, wir schreiten mit innerer ehrlicher Ausrichtung voran und sind bereit, all diese unnützen Verhaltensmuster loszulassen. Was uns nicht mehr dient und schon mehr als überholt ist, können wir getrost hinter uns lassen. Es gibt viele Lebenssituationen die nach einer Veränderung lechzen. Wenn wir dabei sind, uns von unserem Partner zu trennen, dann seien wir wirklich aufrichtig uns selbst gegenüber, denn dann können wir es auch dem Partner gegenüber sein. Er spürt unsere Empfindung und spiegelt sie uns dementsprechend wider, ob uns dies gefallen mag oder nicht. Also reinigen wir den Spiegel, dann kann sich alles viel klarer und reiner zeigen und wir können unsere eigenen Schwachpunkte leichter und schneller erkennen.

Sobald wir unsere eigene Unzulänglichkeit nicht mehr auf unser Gegenüber schieben und damit aufhören es mit unserem egoistischen Verhalten zu manipulieren, wird sich das Problem ganz von selbst auflösen. Auch wenn Menschen getrennte Wege beschreiten, können sie respektvoll zueinander sein und sich freundlich begegnen. Nur die Körper gehen unterschiedliche Pfade und Wege, weil sie nicht mehr die gleichen Erfahrungen benötigen. Die Seelen jedoch sind alle eins. Das Loslassen bezieht sich nicht nur auf Beziehungen, sondern in erster Linie auf eingefahrene Blockaden, Muster, Programme, Ängste und dergleichen, welche uns lähmen.

Sie halten uns auf so mancherlei korrupte Art gefangen und das wesentlich stärker, als allgemein angenommen wird. Dies gilt es notwendiger Weise zu erkennen. Wenn wir also bereit sind, alte Strukturmuster und dergleichen aufzulösen bzw. loszulassen, wird sich auch ein dementsprechend gesteuertes Benehmen und Verhalten im Alltag auflösen. Achtsamkeit und eine bewusste Wahrnehmung stellt sich ein und wir halten kurz inne, bevor wir sprechen oder handeln.

Wir agieren aus dem Moment heraus und nicht unkontrollierbar aus dem Verstandesbewusstsein. Manchmal ist es besser nichts zu sagen oder die Antwort auf später zu verschieben. Warum erwarten wir bloß immer eine sofortige Antwort? Geben wir uns die kostbare Zeit um eine Antwort reifen zu lassen. Warum haben wir es immer so eilig?

Wenn wir aus reiner Gewohnheit weiterhin an unseren Verhaltensformen festhalten, verhindern wir selbst die Erfüllung und Erneuerung unseres Daseins. Nicht nur unser Verhalten ist sonderbar und hart, auch die Lebenssituationen sind es. Sie müssen ja so sein, sie spiegeln ja nur unser So-Sein. Es ist oft reine Bequemlichkeit wenn wir ausweichen oder etwas ignorieren. Besser wäre es sich den Dingen zu ergeben. Erkennen wir doch, dass wir immer nur von uns selbst weglaufen und wohin auch immer wir gehen, wir nehmen all unsere Unstimmigkeiten mit. Alles spaziert mit uns mit, nichts können wir einfach so abschütteln, ohne es zuvor angeschaut und gelöst zu haben. *Emotionales Loslassen ist ein Gefühl von absoluter innerer Freiheit und erfüllender Leere.*

Wenn das Gefühl von emotionaler Anhaftung am stärksten ist und wir dieses Gefühl annehmen, es fühlen und darin versinken, verliert es seine Macht und löst sich auf einmal in Nichts auf. Dies ist der leichteste Weg des Loslassens. Da wir diese Gefühle nicht gerne haben und sie weghaben wollen, verstärken sie sich automatisch. Dadurch aber blähen sie sich auf und beherrschen uns noch mehr, als es uns lieb ist. Indem wir sie akzeptieren, annehmen und zulassen, dürfen sie sein wie sie sind. Es ist wie mit Kindern, sie wollen Akzeptanz und Respekt, geliebt und geachtet werden. Verwehren wir ihnen dies, dann sind sie fordernd, sie beginnen alles zu tun um unsere Aufmerksamkeit zu erregen. Und da sind sie sehr einfallsreich. Widmen wir uns ihnen aber, dann gehen sie irgendwann von selbst und wollen wieder ihre eigenen Dinge tun. Also man muss gar nichts loswerden wollen, sondern es nur beachten und annehmen wie es sich jetzt im Augenblick zeigt. Es lässt uns dann von selbst los. So einfach ist das. Ja ist grotesk, da alles Große einfach ist. Wenn wir ständig an etwas Belastendes denken, hängen wir in diesem Hamsterrad fest. Da hilft es am besten das Rad anzuhalten, um auszusteigen, da es ansonsten immer schneller wird. Und der Ausstieg geschieht, indem wir unsere Aufmerksamkeit von der Sache abziehen und sie dadurch loslassen.

Wenn wir uns bewusst machen, dass wir nur festhängen, weil wir gedanklich oder emotional daran festhalten, geschieht ein Wunder. Gedanken ziehen oftmals wie von selbst ab und in uns wird es ruhig. Wir sind unentwegt aufgefordert loszulassen und das geschieht auch beim Atmen. Einatmen können wir nur wenn wir vorher ausatmen. Je mehr wir unsere Lunge vorher entleeren, umso größer wird unser Atemvolumen sein. Ach wie wunderbar das Leben doch ist, zuerst lassen wir uns ein und anschließend lassen wir wieder los. Tun Sie es doch!

5. Das Resonanzprinzip:

Ständig senden wir bestimmte Frequenzen aus in unser Umfeld, ob uns das bewusst ist oder auch nicht. Das wirkt sich nicht nur auf unser Leben aus, sondern bestimmt es. Wir haben ein bestimmtes Schwingungsfeld, welches sehr stark durch unsere Gedanken und Gefühle geprägt ist. *Dieses Resonanzgesetz schwingt und bringt genau diese Energien in unser Daseinsfeld, welche wir gemäß unserer Frequenz ununterbrochen aussenden.*

Diesem Gesetz ist es egal, ob Sie es Zufall oder Schicksal nennen. Es wirkt auf jeden Fall. Wie auch immer Sie dazu sagen oder es benennen, es hat seine eigene Richtung. Jedes Musikinstrument schwingt seinem Resonanzkörper entsprechend und bringt durch die Bewegungen seines Benutzers den dementsprechenden Klang zum schwingen. Jede Schwingung zieht folglich einen bestimmten Umstand und auch Ereignisse in unser Leben. Wenn wir unser Instrument Leben undiszipliniert und chaotisch spielen und keine Ahnung haben, wie wir es bedienen sollen, können wir auch nicht erwarten, dass es harmonisch klingt. Und im Leben ist es nicht anders. Wie soll das Leben vollkommen sein, wenn wir es selbst nicht sind?

Jedes Ereignis hat eine bestimmte Schwingung, genauso wie wir eine bestimmte Schwingung haben und aussenden. Wenn die Schwingung mit einem eventuellen Wunsch, den wir geäußert haben, nicht übereinstimmt, kann und wird dieser niemals eintreffen. Nur wenn beides übereinstimmt, wird es in Erscheinung treten. Übereinstimmen, sehen wir uns dieses Wort etwas genauer an. Wie schon der Begriff es sagt, es muss *über-ein-stimmen*. So wie sich ein Orchester einstimmen muss, damit keiner falsche Töne von sich gibt, sollten auch wir all unsere Sinne, das Denken, Fühlen und Tun aufeinander abstimmen, damit es im Ein-klang ist. Auch wenn viele Faktoren mit einspielen, so gibt es als Ergebnis doch einen Ein-klang.

Das gesamte Bild und das gesamte Zusammenspiel sind wichtig, damit alles passt. Und wenn das passt, dann passt auch das Leben. Achten Sie gut auf alle Details. Spüren Sie was stimmig ist und was nicht und verbessern Sie sich wo es nur geht. Es ist von großer Bedeutung das Gefühl mit einzubeziehen. Das Gefühl ist letztendlich ausschlaggebend für die Erfüllung der Dinge und des Lebens. Wenn wirklich alles stimmt, lässt sich Erfüllung gar nicht mehr vermeiden. Der Wunsch wird sozusagen mit einem Gefühl aufgeladen. Das heißt, wir sind resonanzfähige Wesen mit hoher Schwingungskapazität. Dies ist eine ganz normale Gesetzmäßigkeit des Lebens, welche alle Wesen betrifft.

Achten Sie immer darauf, wie und was Sie denken, fühlen und damit auch aussenden. Dies ist deshalb so wichtig, weil es zu Ihnen zurückkehren wird. Ob Sie es wollen oder nicht, ist eine andere Sache. Es geschieht nichts im Leben, was Sie nicht verursacht haben. Sie machen sich ständig für etwas resonanzfähig und was Sie aussenden, wird sich im Leben als Ereignis wiederspiegeln. Wenn Sie sich morgens in den Spiegel sehen und weder kämmen oder waschen, könnte es gut sein, dass Ihnen die Menschen aus dem Weg gehen, Sie nicht ansprechen wollen oder Sie erst gar nicht erkennen.

Denken Sie bei allem Tun stets daran, dass sich als Resonanz dieser Tat dieselbe Energie spiegeln wird. Es lohnt sich deshalb, sorgsam mit seinem Verhalten umzugehen und alles zu überdenken, bevor man achtlos und viel zu schnell etwas tut, was man später bereuen könnte. Was man getan, gedacht oder ausgesprochen hat, kann man nicht mehr zurücknehmen. Und auch wenn es einem Leid tut und man etwas zum Beispiel gar nicht sagen will, es wird seine Wirkung entfalten. *Alles ist eine Ursache und jede Ursache hat eine Wirkung.* Das ist das Prinzip der Resonanz, in dem es ohne oben kein unten und ohne warm kein kalt geben würde.

6. Das Segnen:

Segensreich zu leben bedeutet für alles ein Segen zu sein und alles als Segen zu empfinden. Haben Sie sich schon mal Gedanken darüber gemacht, was es bedeutet, segensreich zu leben? Wenn Sie in sich oder um sich herum etwas ablehnen, kommt es umso stärker in Ihr Leben.

Alles was Sie ablehnen und nicht wollen, ziehen Sie aufgrund Ihres Widerwillens an. Das Leben konfrontiert Sie mit dem was Sie nicht wollen so lange, bis Sie es neutral annehmen können und nicht mehr dagegen sind. Genauso ist es mit dem Mangelbewusstsein. Wenn Sie feststellen, dass Ihnen etwas fehlt, darunter leiden oder es unbedingt haben wollen, passiert nichts. Es wird alles andere passieren, außer den Weg zu Ihnen finden. Deshalb beginnen Sie am besten jetzt damit, alles zu segnen, auch wenn es noch so klein und unscheinbar ist, dann wird es sich verändern und das muss es sogar.

Die Macht des Segens ist in jedem Moment und zu jeder Zeit wirksam und eine unglaublich starke Kraft. Sie zieht Dinge in unser Leben, welche auf alle Fälle uns und unserem ganzen Umfeld dient. Ihre Freundschaften und Beziehungen beginnen sich im gleichen Augenblick zu verändern, wenn Sie von dieser wundersamen Möglichkeit Gebrauch machen, Ihre Mitmenschen zu segnen. In allem steckt ein Segen. Und sind es noch so unscheinbare Dinge, sie sind in Wirklichkeit nicht das, wofür wir sie halten. Es ist sinnvoll die Dinge etwas genauer zu betrachten und nicht nur auf Grund ihrer Erscheinungsform zu bewerten und einzuordnen. Segnen Sie alles, damit Sie erkennen, was und welche Kraft im Segnen verborgen ist. Alle Ihre Probleme und scheinbaren Schwierigkeiten werden sich in Bruchteilen von Sekunden verwandeln und somit leichter anfühlen.

Der Segen wirkt wie ein geheimnisvoller Brunnen aus dem unentwegt Liebe in das einfließt, was Ihre Segnungen erhält. Das Leben, das Sie vorher beurteilt und bewertet haben, wird sich ganz natürlich umkehren. Das Gesegnete wird sich also in seiner Schwingung umkehren und in dem Maße in Ihr Leben, in Ihre Beziehungen, in Ihr berufliches und privates Alltagsgeschehen als Segen einkehren, um einen Umkehrprozess in Gang zu setzen, den Sie sich nicht ansatzmäßig vorstellen können. Ja, es ist tatsächlich so und so genial einfach.

Segnen wir auch unsere Speisen. Warum wohl hat man früher vor dem Essen ein Gebet gesprochen? Weil man von diesem segensreichen Ritual gewusst hat. Sogar dieses einfache Ritual ist Großteils verloren gegangen, blüht aber wieder auf. In der heute technisierten Fast Food gesteuerten Welt, scheint niemand mehr Zeit zu finden, um für ein paar

Sekunden inne zu halten und sich vor der Nahrung, als Geschenk zu bedanken.

Viele Menschen belächeln es, das sind aber meist die, deren ganzes Leben chaotisch verläuft. Man sollte es nicht bewerten, sondern mit gutem Beispiel voran gehen. Es beginnt bei dem alltäglichen und unscheinbaren, kleinen Dingen des Lebens, wo wir achtsamer werden und allem mit Respekt und Dankbarkeit begegnen. Schlussendlich geht es darum, sich wieder auf das Wesentliche zu besinnen. Man kann aber nicht sagen, dass früher alles besser war, es war eben anders.

Früher hat man sich für vieles Zeit genommen, wobei dies heute eher der Fall sein sollte, wo uns das Leben durch all die helfenden Techniken und Maschinen, die Arbeit erleichtert oder ganz abnimmt. Es stimmt nicht, dass wir weniger Zeit haben, sondern uns weniger Zeit für Wichtiges nehmen. Für uns sind die Dinge wichtig geworden, die eigentlich unwichtig und überflüssig sind.

Doch wir räumen dem viel zu viel Platz ein und vergeuden wertvolle Zeit mit Beschäftigungen, die niemanden etwas bringen. Außer, dass sie uns vom Wesentlichen ablenken und uns kostbare Zeit stehlen, passiert nichts. Wir sind ständig mit einer Hand am Handy, SMS zu schicken oder entgegenzunehmen, mit Computern oder sonst noch was beschäftigt. *Diese Dinge sind nicht schlecht, doch sie sollten reduzierter und für wirklich wichtige Dinge verwendet werden.* Nehmen wir uns mehr Zeit, um inne zu halten. So können wir zum Segnen übergehen und entdecken, was unser Leben wirklich bereichert?

Es geht nicht darum Lücken zu füllen, damit man ständig beschäftigt ist, sondern Lücken zu nutzen und einzubauen, um etwas herunterzufahren und ruhig zu werden. Ständige Hast und Bewegung bringt Hektik mit sich. Es ist schon irgendwie komisch, dass das, was uns mehr Freizeit bescheren sollte, sich ins absolute Gegenteil kehrt und uns gefangen hält. So bewegen wir uns ständig mehr von uns selbst weg und wenden uns von uns ab, ohne es zu bemerken.

Ich lade Sie dazu ein, innezuhalten und den Segen der Welt wieder neu zu entdecken. Machen Sie von diesem ursprünglichen, grundlegenden Wissen wieder Gebrauch. Es bedarf wirklich nur einem kleinen inneren Richtungswandel und die Dinge anzusehen und zu betrachten, anstatt sie zu übersehen. Beginnen Sie ab sofort Ihre Speisen, Ihre Getränke, Ihre Mitmenschen und alles und jeden der Ihnen begegnet und was Ihnen auch widerfahren mag, zu segnen. Segnen Sie die ganze Erde, jedes Lebewesen und auch jede Pflanze. Tun Sie es aufrichtig und liebevoll und es wird Ihnen zum Segen werden. In allem, was Sie tun und denken, sollte eine segensreiche Energie und Einstellung mitschwingen.

Segnung ist Dankbarkeit und Dankbarkeit ist das Fundament eines glücklichen und erfüllenden Lebens. Segnen Sie die Dinge und Geschehnisse aus tiefster Seele, mit ehrlichem Herzen und es wird zu Ihrem Wohle sein. Glauben Sie mir nicht, tun Sie es einfach und erfahren Sie selbst die Wirkung, dann wird es Ihnen immer leichter fallen und Sie werden gar nicht mehr anders können, als alles mit Ihrem Segen zu überschütten. Seien Sie sich selbst bewusst, dass Sie Ihren Segen auf jemanden oder über etwas ausgießen.

Denken Sie ihn, sprechen Sie ihn oder schreiben Sie ihn auf ein Blatt Papier, wenn Sie das möchten. Alles Niedergeschriebene hat eine besonders starke Wirkung. Wussten Sie das? Egal wie Sie es tun, tun Sie es in wahrer tiefer Gesinnung, damit es sich, bereits in diesem Augenblick wo Sie es tun, entfalten kann. Es ist in dem Augenblick wirksam, indem Sie es gedacht, gesprochen oder auch aufgeschrieben haben und seine Wirkung kann sich genau in diesem Moment entfalten. Wer so handelnd durchs Leben geht, kann niemals mehr Ungutes erleben und viele Probleme werden sich auflösen. Dies wird früher oder später sein, aber es geschieht. Vertrauen Sie darauf.

Denken Sie stets daran, so wie wir über und von anderen denken, sprechen und urteilen, nur so können uns die anderen sehen und uns begegnen. *Deshalb beginnen Sie ab sofort segnend den Tag zu begrüßen.* Es spielt keine Rolle, ob Sie die Menschen, die Sie segnen, kennen oder nicht, egal welcher Hautfarbe und welcher religiösen Gesinnung sie angehören, ob Sie sie mögen oder nicht, segnen Sie sie. Ich wiederhole das deshalb wieder und wieder, weil es sehr banal klingt. Die Wirkung ist aber so von Bedeutung, dass ich Sie Ihnen mit etwas Nachdruck nahelegen möchte. Ich segne Sie. Eine neue wohlwollende und segensreiche Lebenseinstellung muss Ihr Leben und Sie selbst völlig verwandeln. Sollte dies nicht geschehen, dann fehlt Ihnen womöglich die innere

Überzeugung und eine aufrichtige Anteilnahme ist noch nicht authentisch. Das heißt Herz und Verstand schließen sich noch gegenseitig aus und dies ist natürlich nicht gerade förderlich. *Segnen Sie mit dem Herzen, schließen Sie auch den Verstand mit ein und fühlen Sie, dass es bereits so ist.* Seien Sie sich dessen bewusst und segnen Sie sich selbst, mitsamt Ihrem Tun und Ihren Gedanken.

Möge Ihre positive Ausstrahlung dem Wohle aller dienen. Unser wahres Selbst ist ein einziger Segen und jedes noch so kleine Segensgebet bringt uns uns selbst wieder näher. Es muss mit wahrer, tiefer und inniger Dankbarkeit und Demut geschehen. Es sollte nicht als Muss betrachtet werden. Auch sollten Sie sich nicht denken, ich segne dies oder das, um dafür belohnt zu werden. Nur wer absichtslos segnet, wird vom Leben belohnt. Segnen ist eigentlich eine einfache, aber leider in Vergessenheit geratene Lebenseinstellung.

Es ist eine ganz normale und natürliche Fähigkeit des Menschen, Situationen und sogenannte Probleme im selben Augenblick segensreich abzuändern. Der Segen ist für uns alle etwas sehr Heilsames und der wichtigste Schlüssel überhaupt. Es beeinflusst auf jeden Fall unser zukünftiges Leben im Alltag. *Die Zukunft beginnt immer jetzt.* Werfen Sie alle Ihre Vorstellungen über Bord und beginnen Sie ab sofort achtsamer zu sein. Auf was warten Sie noch? Segnen Sie und Sie sind ein Segen für sich selbst und die Welt.

7. Der Glaube:

Der Glaube versetzt Berge, das ist gewiss. Der Weg, welcher uns auf unserem Ziel näher bringt, und den wir uns gut merken sollten ist von einem Leitsatz gepflastert. Dieser lautet: Unsere Einstellung zum Leben ist stark von den Ereignissen und dem Erlebten beeinflusst.

Hochwirksame, unsichtbare Energiefelder bestimmen und lenken unser Leben. Sie werden sichtbar gemacht durch unsere positive Ausstrahlung und die Umstände welche sie hervorbringen, setzen sich zu unserem Leben zusammen. Warum sieht jeder Mensch die Dinge anders? Das heißt doch nichts anderes, als dass jeder sein eigenes Weltbild hat. Seine Vorstellungen erschaffen unablässig Dinge, die ihm widerfahren. Ob er sich dessen bewusst ist oder nicht, spielt keine Rolle. Es ist ein Ablauf der so oder so wirkt.

Besser ist es, sich dessen bewusst zu sein, warum unser Leben so ist wie es ist und dass es gar nicht anders sein kann, wie es sich im Moment zeigt. Der Glaube vermag stark zu sein, der Zweifel ist es allemal. Deshalb blockiert jeder Zweifel sofort die Realisation, auch wenn er noch so klein erscheinen mag. Wir sehen immer alles anders und ständig etwas Neues. Diese Reizüberflutung hat Folgen. Sofort hat man wieder eine andere, neuere oder schönere Idee im Kopf und schon wieder verändert sich dadurch das Leben. Mit dem Zweifel ist das so eine Sache. Es ist, als ob Sie ein Samenkorn in die Erde geben und es, kurz nachdem es aus der Erde ausbricht und einen Trieb zeigt, ausreißen würden.

Deshalb denken Sie daran, wenn Sie ein Samenkorn in die Erde geben, schenken Sie ihm all die Liebe und vertrauen Sie darauf, dass der neue Trieb welcher alsbald kommen wird, wachsen wird. Bewässern Sie ihn richtig und liebevoll und schenken Sie ihm ihre volle Achtsamkeit ohne an ihm zu ziehen. *Gönnen Sie ihm Zeit zum Erstarken und eines Tages wird er kraftvoll und widerstandsfähig gegen allerlei unsanfte Umwelteinflüsse sein.* Genauso ist es, wenn wir im Begriff sind uns etwas Neues zu erschaffen, welches unser aller Leben bereichern und fröhlicher machen kann. Dabei ist es, wie Sie es anhand dieses Beispiels gelesen haben kontraproduktiv, dem Zweifel Aufmerksamkeit zu schenken.

Das heißt für Sie, wenn Sie glauben es zu schaffen, werden Sie genauso Recht behalten, als wenn Sie glauben es nicht zu schaffen. Wenn es Ihnen wichtig erscheint in Ihrem kostbaren Leben etwas zu ändern, dann tun Sie es jetzt und lassen Sie sich nicht beirren.

Nehmen Sie sich dafür ausreichend Zeit und üben Sie sich in Geduld. Ungeduld kann in diesem Falle genauso destruktiv sein wie Zweifel. Ihr Leben sollte Ihnen wirklich nicht gleichgültig sein, denn schließlich haben Sie jetzt nur dieses eine zur Verfügung und darum sollte es Ihnen das wert sein, es richtig und erfüllt zu nutzen. Ihr Lebensplan will von

Ihnen gelebt und erlebt und nicht mit unnötigen, ermüdenden Achterbahnfahrten vertan werden. *Eine Neuorientierung mit neuer Ausrichtung wird Ihre Wahrnehmung sowie Ihren ganzen Glauben an ein wunderbares Gelingen vollkommen erleichtern und auf allen Ebenen fördern.* Zu glauben heißt, ich bin tief innerlich und auch in all meinen Handlungen fest davon überzeugt, dass mein Glaube an kommende Ereignisse von einer inneren Überzeugung unterstützt wird und dass sie auf der geistigen Ebene bereits vorhanden sind. Es muss sich nur noch manifestieren. Unsere innere Überzeugung ändert und verändert alles. Jede Situation und jede Lebenslage kann sich in genau diesem Moment ändern. Alles ist möglich dem der da glaubt! *Wichtig ist es die Überzeugungen bewusst zu formulieren und völlig bewusst zu bestimmen.*

Wenn Sie das tun, wird Ihr Leben eine sichtbar gewordene neue Realität zu Tage fördern und das nennt man auch „Umsetzung ins irdische Lebensfeld". Eine geistige Idee hat Gestalt oder Form angenommen und wurde sichtbar gemacht. Sie haben endlich Ihr Leben selbst in die Hand genommen.

8. Die „energetische Anprobe":

Das bedeutet, die Ereignisse energetisch zu bestimmen, bevor sie geschehen. Jeder Mensch verfügt über die enorme Fähigkeit, etwas vorherzusehen. Dies sollten wir nutzen, indem wir uns eine neue Zukunft erschaffen. Dies geschieht durch die „energetische Bestimmung". Indem wir Ereignisse sozusagen in uns sehen, fühlen und „anprobieren", ob sie tatsächlich für uns richtig sind. Dies können wir immer wieder und so lange tun, bis es wirklich auf der energetischen und inneren Ebene wirklich passt und ganz stimmig anfühlt. So nehmen sie den neuen, gewünschten Endzustand geistig schon in Besitz, bevor er sich manifestiert hat. Die volle Verantwortung für das Erwünschte zu übernehmen und dazu zu stehen, ist natürlich selbstverständlich und Voraussetzung. Es sollte kein persönlicher Wunsch sein, der egoistisch ist, sondern alles sollte immer der Gemeinschaft dienen. Wenn ich mir etwas wünsche, sollten immer mehrere davon profitieren. Es sollte grundsätzlich etwas „Gutes" sein und nicht nur ein individuelles Verlangen befriedigen. Damit Sie auch Ihre Zukunft erfolgreich bestimmen, heißt es, das abergläubische, alte Denken über Bord zu werfen und die Worte Glück, Pech und Zufall aus Ihrem Wortschatz zu streichen.

Wenn Sie keine unbewussten Ursachen mehr setzen, bleiben auch die dementsprechenden Wirkungen, welche Sie bisher als Zufall, Glück oder Pech bezeichnet haben, aus. *Wenn Sie als Ganzes authentisch sind und auf energetischer Ebene durch Ihr neues Bewusstsein etwas verursachen, kann es sich in Ihrem Leben nur als Chance, Geschenk oder Glück zeigen.* Warum? Weil Sie nichts mehr dem Zufall überlassen.

Die energetische Wahrnehmung geschieht nicht über die Sinne und den Verstand, sondern spielt sich auf der intuitiven Bewusstseinsebene ab. Den erwünschten Zustand oder ein Ereignis wahrzunehmen bedeutet, es so zu sehen wie es tatsächlich ist und nicht wie es der Verstand gerne sehen möchte. Auch sehen Sie es nicht so, wie es zu sein scheint. Da unsere Sinne nur oberflächlich wahrnehmen können, gilt es, unser Bewusstsein als eine Art Zukunftsforscher einzusetzen.

Durch eine bewusste Neuausrichtung unserer energetischen Signatur, wird sich unser Leben nicht nur verändern, es muss sich ändern. So können Sie natürlich auch ungute Energien umgehend auflösen und wünschenswerte Ereignisse zum Leben erwecken. Noch dazu wird Ihnen klar werden, dass Sie aus dem alten Denken ausgebrochen sind. Ihr neues Denken trägt Qualitäten, die von ganz anderen Energien gesteuert werden. Hat dies erst einmal in Ihrem Bewusstsein Fuß gefasst, wird auch die energetische Wahrnehmung gefördert. Diese wunderbare Möglichkeit, die sich Ihnen hier eröffnet, schenkt Ihnen die Chance, Ihr Leben auszuprobieren und es auf energetischer Ebene im Voraus zu erleben. Wollen Sie Ihr Ziel erreichen und schneller ankommen, dann gilt der Leitsatz: *Alles beginnt mit dem ersten Schritt.*

Und diesen können nur Sie gehen. Am besten gleich, denn niemand sonst kann ihn für Sie gehen. Eines ist gewiss: Sie bestimmen Ihre Zukunft auf jeden Fall, ob bewusst verursacht oder unbewusst vertan. Nutzen Sie diese Chance. Carpe diem: „Pflücke den Tag".

9. Die „energetische Signatur":

In allen Bereichen des Lebens kann nur das in Erscheinung gerufen werden und in Erscheinung treten, was unserer momentanen energetischen Signatur entspricht, welche wir unentwegt aussenden. *Wir selbst sind die Ursache der Ereignisse und Entwicklungen unseres Lebens, da jeder Mensch, wir inbegriffen, ein schwingendes Energiefeld mit einer individuellen Schwingung ist.* Dieses Schwingungsfeld oder auch Energiefeld, hat natürlich eine ganz eigene dynamische Kraft und Auswirkung auf unser Leben, unsere gesundheitliche Allgemeinverfassung, unser Wohlbefinden, unseren Alltag, im Privat- sowie im Berufsleben. Es betrifft alle Bereiche, auch alle unsere Beziehungen im zwischenmenschlichen Bereich, mit dem Umgang der Tierwelt und allem was ist. Wir alle sind Sender und Empfänger mit einer permanenten Strahlungsfrequenz, welche sich aber ändern kann. Das heißt, wir ziehen gemäß dieser Frequenz Menschen, Dinge und Ursachen in unser Leben und bekommen die Auswirkungen zu spüren welche wir ausgesandt haben.

Wenn wir im Grunde unseres Herzens glauben, etwas ganz dringend zu benötigen, kommt es erst dann zu uns, wenn wir mit dieser Schwingung konform gehen und die Resonanz stimmig ist. Erst wenn der Resonanzkörper mit der Schwingungsebene harmonisch übereinstimmt, tritt es auf der geistigen sowie auch materiellen Ebene in Erscheinung. Daher ändern wir zur gegebenen Zeit, wenn uns in unserem Leben etwas nicht mehr zusagt, doch einfach unsere Resonanzfähigkeit, damit sich unsere Herzenswünsche erfüllen können. *Je mehr wir den Augenblick erfüllen, umso höher werden wir schwingen.*

Wenn wir nicht nachdenken, uns nichts belastet und wir uns am Augenblick erfreuen, sind wir in einer positiveren Schwingung. Die energetische Signatur ist sozusagen unsere Ausstrahlung, das was nach außen strahlt. Damit ist nicht der oberflächliche Glanz, also das Erscheinungsbild unseres Körpers gemeint, sondern die Schwingung, die wir zum Ausdruck bringen und durch diese auf das Umfeld wirken. *So wie wir wirken, wird die Wirkung auf die äußere Umwelt sein, das heißt, unsere Schwingung nimmt Einfluss, auf das, was uns morgen begegnet.*

10. Die „Sprache des Lebens":

Die Sprache des Lebens ist etwas, das verstanden werden muss. Ständig fordert uns das Leben dazu auf, uns selbst zu überprüfen. Das heißt unser Denken, Sprechen und Tun. Unser Fühlen sendet uns immer wieder eine Botschaft, inwieweit wir stimmig sind, ob sich das, was wir denken, sprechen und tun im Einklang in uns ist. Wenn Sie jetzt feststellen, dass Sie nicht in der Balance sind, dann achten Sie darauf, was Ihnen Ihr Gefühl mitteilen möchte.

Der Körper sendet ständig gewisse Warnsignale aus. Zuerst leichtere und wenn Sie immer noch nicht darauf hören, erhalten Sie etwas stärkere Hinweise, die nicht mehr so leicht zu übersehen sind. Sie können sogar Schmerzen verursachen und Sie in Ihrer Handlungsfähigkeit einschränken. Probleme kommen nicht von ungefähr, sondern sind Ausdruck nachhaltiger Ignoranz, weil die Sprache, die Ihnen unmissverständlich etwas klar machen möchte, nicht verstanden wird.

Oft können wir etwas nicht erkennen, weil wir stur an etwas hängen und krampfhaft daran festhalten, obwohl es längst schon überholt ist. Deshalb bekommen wir immer wiederkehrende Botschaften gesandt und immer wiederkehrende Chancen, um etwas zu verändern. Wir können uns ändern oder eingefahrene Sichtweisen mit einem falschen Blickwinkel korrigieren. *Jede unliebsame Situation trägt eine Botschaft mit sich herum.* Schauen wir einmal hin, nehmen wir sie an und schauen wir was passiert. Hören wir damit auf, alles was nicht als angenehm empfunden wird, sofort weg haben zu wollen.

Diese Hinweise sind nicht unsere Feinde. Auch wenn sie unangenehm sind. Unangenehm sind sie ja nur, weil wir sie bisher übersehen haben. Es liegt also an uns, die Dinge zu ändern. *Jede Botschaft ist unser Freund, welcher uns liebevoll und mit Ausdauer auf etwas aufmerksam machen möchte.* Er lenkt uns dorthin, wo unsere Liebe und Achtung benötigt wird. So können wir jedes Problem, was ja schon in sich die Lösung beinhaltet, als Chance nutzen, sonst würde es ja Kontra-blem heißen. Denken wir immer daran, das Leben liebt uns so wie wir sind, aber es möchte uns das Beste schenken. Wann? Wenn wir bereit dazu sind es auch dankbar anzunehmen und nicht immer kalt ablehnen, was wir meist unbewusst ständig tun. Und dann jammern wir, wie arm wir doch sind. Und die anderen haben es viel leichter und besser. Das denken Sie. Nur so ist es nicht, denn die anderen denken von Ihnen wahrscheinlich dasselbe.

Schon komisch, finden Sie nicht auch? Ständig denken wir von anderen was sie von uns denken, dabei sind wir das selbst. *Wir denken so von anderen, wie wir von uns selbst denken.* Wir urteilen über andere, so wie wir über uns selbst urteilen. Das gilt es sich erst mal bewusst zu machen, dass es nicht die anderen sind, sondern dass wir es selbst sind, wie und was wir über uns denken.

Diese Erkenntnis ist ein sehr wichtiger Schritt, auf dem Weg der bewussten Neuorientierung in unserem Leben. Nähren Sie diese Energie nicht weiterhin, die Ihnen glaubhaft machen will, die anderen wären schuld. Da kommt mir gerade das Thema Er-nährung in den Sinn. Alles was wir nähren das wächst natürlich. Und so wie wir das Produkt der geistigen Ernährung sind, so wirkt sich auch die physische Ernährung auf unseren Geist bzw. das Gehirn aus. Vielleicht möchte Ihr Körper schon lange ein bestimmtes Nahrungsmittel nicht mehr, welches Sie aber täglich essen, weil es Ihnen so gut schmeckt. Er sendet Ihnen ständig nach der Mahlzeit Übelkeit, Unwohlsein und dergleichen. Dann trinken Sie Ihren Magenbitter und für Sie ist das Problem erledigt. Und brav genießen Sie das weiterhin, was Ihr Lieblingsgericht ist.

Jahre später kristallisiert sich dieses blinde Verhalten zu einem großen Problem, indem Sie ein markantes Gesundheitsproblem haben. Das jahrelange Ignorieren der Botschaft hat dazu geführt, dass Sie jetzt hinhören müssen, ja förmlich dazu gezwungen werden. Aber notwendig ist diese Erfahrung nicht unbedingt, wenn wir lernen eher auf die Signale zu achten.

Das Leben hat sehr viel Geduld mit uns. Immer und immer wieder. *Nur weil wir nicht gelernt haben uns einzufühlen, in uns hinein zu fühlen und in uns selbst die Ursache zu erfühlen, heißt das noch lange nicht, dass das Leben ungerecht ist.* Es ist mehr als gerecht, ob wir das nun sehen können oder nicht. Es steht mir partout nicht zu, dies zu bewerten, aber so ist es. Wir sind teilweise ganz schön abgestumpft und vergesslich geworden und übernehmen alles was uns die Werbung vorgaukelt. Da sollten wir wirklich kritischer sein und nicht alles glauben was uns die Medien mit eitler Wonne präsentieren. Der Körper ist Prozessen unterlaufen, in denen manche Funktionen nachlassen, wenn wir nicht gut genug auf ihn achtgeben.

Wenn wir uns von viel frischem Obst und Gemüse ernähren, viel Wasser trinken und uns bewegen, wird er seine alltäglichen Stoffwechselprodukte gut transportieren können. Aber wir sollten ihn auch mit liebevollen und positiven Gedanken unterstützen. *Angst und Zweifel sind auf alle Fälle kontraproduktiv und wirken sich auf die Psyche eher einschränkend als aufbauend aus, ganz egal in welchem Alter der Mensch ist.* Eine mannigfaltige Disharmonie im Bewusstsein spiegelt sich jedenfalls im Körper wider, da dieser aus sich heraus gar nicht erkranken kann, weil er nur die Projektionsfläche ist. Würde der Körper nicht krank werden, würden wir gar nicht erkennen, dass wir psychisch nicht im Gleichgewicht sind und an unserem Leben etwas ändern sollten. Welch wunderbares Werkzeug unser Körper doch ist. Einfach grandios!

Ändern wir unsere innere Haltung, dann verbessert sich oftmals in ganz kurzer Zeit auch der gesundheitliche Zustand. Und das ist wirklich in jedem Moment möglich. Seien wir einfach bereit für ein liebevolles, harmonisches Leben im Hier und Jetzt.

11. Die Intuition:

Die meisten Menschen wollen Erfolg und bemerken gar nicht, dass sie immer erfolgreich sind. Denn: Erfolg geschieht, weil eine Wirkung stets der Ursache folgt. Das ist einmal so, im positiven wie im negativem Sinne. Also sprechen wir von Erfolg, ob wir bewusst oder unbewusst eine Ursache gesetzt haben und egal wie das Ergebnis aussieht und wie wir es empfinden, es ist etwas erfolgt. Ob sich nun die Wirkung einstellt, die wir uns gewünscht oder vorgestellt haben, ist wiederum eine andere Sache. Doch erfolgreich sind wir jedenfalls immer, egal was geschieht. Ob wir vom Gefühl oder vom Verstand gesteuert handeln wird unterschiedliche Folgen nach sich ziehen. Trotzdem ist es immer eine Folge einer Tat, eines Gefühls oder eines Gedankens.

Ob wir uns darüber freuen oder auch nicht, dies sind nur persönliche Reaktionen. Der kleinste wie der größte Erfolg, ist stets eine Erfahrung. Beginnen wir, uns von unserer Intuition leiten zu lassen, dann wird uns dieser Erfolg überzeugen. Der Verstand ist abwägend, die Intuition oder auch das Bauchgefühl kommt aus dem Herzen und zeigt uns einen bewussteren Weg auf. Deshalb gilt, wer intuitiv lebt, handelt aus dem Herzen. Jeder Mensch ist mit Intuition ausgestattet und zwar bestens, aber er hat verlernt diese kostenlose Fähigkeit bewusst zu nutzen, geschweige denn, die Impulse und Botschaften dieser Fähigkeit zu erkennen.

Beginnen wir, unsere Intuition wieder zu aktivieren, dann meldet sie sich nicht mehr nur zufällig oder gelegentlich, sondern sie wird unser unverzichtbarer Berater und ständiger Begleiter unserer Lebensreise. Wenn Sie in sich hinein hören und etwas achtsamer sind, können Sie sie als ihren besten Freund erkennen, was diese Fähigkeit ja auch ist, denn sie ist immer zugegen. Dieser „Freund" wird für Sie unverzichtbar, denn wenn er Ihr Leben begleitet, wird es einfach stimmiger und wesentlich harmonischer sein. Manches Mal sagt uns unser Gefühl etwas und wir achten nicht wirklich darauf und im Nachhinein haben wir eigentlich gewusst, es wäre besser gewesen auf unser Gefühl oder eben auf diese Intuition zu hören.

Lassen wir die Gedanken vorbeiziehen und hören wir in uns hinein, bevor wir handeln. Dieses Verhalten wird uns vor allerlei Übel bewahren. Es erfordert aber ein tägliches, konsequentes Training, bis es ganz selbstverständlich ist, immer und das heißt in jedem Augenblick und bei jeder Gelegenheit, intuitiv zu handeln. Eine gut ausgeprägte Intuition ist der Ausgangspunkt, für einen Erfolg der besonderen Art.

Ohne einen einzigen Gedanken zu denken, spüren wir uns oftmals zu einem Menschen hingezogen und zu einem anderen haben wir gar keinen Bezug. Wir wissen nicht warum, doch es ist so. Innerlich spüren wir immer, was genau zu tun ist und was nicht, auch wenn wir öfters als uns lieb ist etwas ganz anderes tun. Auch Sie wissen insgeheim, was Ihnen gut tut und was nicht. Intuition ist kein Kopfwissen und kann nicht wirklich intellektuell erklärt werden, sondern kann nur innerlich erfahren werden. Sie hat nichts mit herkömmlichem Wissen zu tun, sondern geht weit darüber hinaus. Intuitives Handeln zieht mehr unvorstellbare Wirkungen an als eine willentliche und persönliche Tat.

Deshalb nutzen Sie jetzt Ihre Chance auf ein intuitives Leben, indem Sie mindestens einmal durchatmen bevor Sie handeln und mindestens einmal innehalten bevor Sie etwas sagen, das wird Ihnen zugutekommen. *Achtsamkeit ist keine Eigenschaft die man sich erkämpfen muss, es ist eine Tugend die wir trainieren können.* Wie? Indem wir uns jeden Tag aufs Neue begegnen, uns immer wieder neu kennenlernen und uns beobachten, wie wir durchs Leben gehen.

12. Die Liebe:

Die Liebe ist das Selbst. Über das Ich kann sie entdeckt und erfahren werden. Die meisten Menschen leben als persönliches Ich. Das, was wir wirklich sind, ist unser Selbst, das nur darauf wartet, wieder „in Besitz" genommen zu werden. Beenden wir die Identität des illusionären Ichs, dann kann zum Vorschein kommen, was wir wirklich sind: nämlich die wahre Liebe. Kein Wort wurde je mehr missverstanden als dieses eine Wort. Und keines wurde wohl mehr missbraucht als der Begriff Liebe.

Was unter Liebe verstanden wird, hat im Allgemeinen sehr wenig oder fast gar nichts mit Liebe zu tun. Mit dem Wort Liebe kann man Menschen ganz wunderbar manipulieren. „Ich liebe Dich" (weil ich Dich brauche), „ich liebe Dich" (solange Du so bist, wie ich Dich haben will), „ich liebe Dich") so lange Du bei mir bleibst) oder „ich liebe Dich" (wenn Du das tust, was ich von Dir erwarte).

Liebe sollte eigentlich bedingungslos sein. Irgendwann dringt uns aber der Vorwurf zu Ohren: „Ich habe mich das ganze Leben für Dich aufgeopfert. Jetzt hast du nie Zeit für mich und Du bist nicht für mich da". Also eine Aufzählung von Vorwürfen ließe sich unendlich lange fortsetzen. Was haben diese Beschuldigungen mit Liebe zu tun? Es sind wohl eher Verurteilungen, die der Liebe fremd sind. So ein Verhalten ist wirklich weit von dem entfernt, was wir Liebe nennen. Was ist eigentlich wahre Liebe?

Das kann in Worten nicht erklärt oder beantwortet werden, da die Liebe sich nicht in dem begrenzten Raum der Worte aufhält. Sie ist allumfassend. Die Liebe können wir tief in uns erfahren und zwar intuitiv. Sie kann nicht mit dem Verstand erfasst werden. Wahre Liebe mischt sich nicht ein. Wahre Liebe lässt den anderen sein wie er ist und zwar ohne irgendeine Erwartung zu haben oder etwas einzufordern. Wahre Liebe ist einfach etwas Wunderbares und Einzigartiges.

Wahre Liebe hält nichts und niemanden fest, weil Sie einfach ist. Ihr kann man keine Eigenschaft zuschreiben. Sie ist Liebe an sich. Die Mutterliebe kommt dieser wahren Liebe am nächsten. Die Mutter gibt einfach alles. Sie versorgt ihr Kind, ohne etwas zu erwarten. Ein kleines Lächeln oder ein erster lieblicher Laut erfreut ihr Herz und lässt es jubeln. Wenn Sie jemand ganz spontan und ohne das Sie es erwartet haben anlächelt, freuen Sie sich doch auch, oder? Sie können gar nicht anders als zurück lächeln, denn ein ehrliches Lächeln wärmt das Herz. Mischt sich der Verstand ein, denkt sich der vielleicht „Oh, was beabsichtigt dieser Mensch? Was will er oder sie von mir?" Tritt das ein, sind wir im Denken gefangen und weit weg vom Gefühl und von dem was wir Liebe nennen können.

Liebe ist, wenn ich mich selbst als das erkenne, was ich in Wahrheit bin. Wenn das Ich sich als Selbst erkennt, ist das nicht Liebe, sondern ich betrete den Raum der Liebe, der ich bin. Allumfassendes Bewusstsein im Hier und Jetzt ist Liebe. Bin ich mir dessen bewusst, geschieht etwas mit mir. Ich strahle diese Liebe in meinem Umfeld aus und es strahlt auf natürliche Art und Weise in mein Dasein zurück. Das ist ein Gesetz. Sind wir weise genug, setzen wir dies klug ein, um das Leben und seine Gesetzmäßigkeit voll und ganz zum Ausdruck zu bringen.

Nicht nur für uns selbst sollten wir das tun, sondern auch für unsere Nächsten sowie für die Allgemeinheit. Wandlung muss immer zuerst in uns erfolgen und kann erst danach in der äußeren Welt geschehen. Uns sollte wirklich bewusst sein, dass es nicht umgekehrt sein kann. Wenn wir damit aufhören, das persönliche Leben, welches bisher unserem Ich- Bewusstsein entsprochen hat, mit Energie zu nähren, wird sich allmählich Veränderung wie von selbst einstellen.

Beginnen wir noch heute damit, im Einklang der allumfassenden Liebe zu schwingen, damit sich so manche unliebsame Gewohnheit verabschieden kann. Je bewusster und achtsamer wir sind, umso mehr unliebsame Programme und Gewohnheiten werden sich von uns verabschieden. Das Spannende ist, dass wir es anfangs gar nicht bemerken, erst wenn uns jemand darauf anspricht, wird es uns plötzlich bewusst, dass dies oder das gar nicht mehr da ist. Es hat sich still und leise davon gemacht. Die Wahrnehmung und das ganze Empfinden haben sich geändert und die Trennung darf sich auflösen. Die Sichtweise verändert sich und das sogenannte Gute und Schlechte, wurde von einem neutralen Gefühl abgelöst. Eine neue Sicht der Dinge darf sich offenbaren.

Nun wenn alles als gleichwertig eingesehen wird, erstrahlt etwas in Ihnen und das ist die wahre Liebe. Die wahre Liebe hat nichts mit der Liebe zu einem anderen Menschen zu tun. Das ist eine Form der Liebe, aber nicht die reine Liebe, die Bewusstsein ist. Vielleicht hat man für lange Zeit geglaubt zu wissen, was Liebe ist. *Liebe kann man weder wissen noch fühlen, man kann sie nur sein.* Wer plötzlich in allem und in sich selbst nur noch Liebe erfährt, lebt als das wesentliche Selbst, als allumfassendes Bewusstsein. Wir sind Bewusstsein. Wir sind Liebe.

13. Die Macht der Gedanken:

Gedanken können nicht nur Berge versetzen, sie erzeugen unser Leben und bringen das hervor, was wir sehen. Das Leben wird so sein, wie wir darüber denken. Unsere Gedanken verlieren sich nur allzu gerne in Details. Ständig irren sie umher. Sie sind rastlos und ständig bewegt, nur selten schaffen sie es zu ruhen. Sie bestimmen unser Leben. Deshalb bedarf es einer neuen Ausrichtung. Sich ständig neu auszurichten erfordert viel Geduld und Disziplin, nur dadurch kann das Denken nach und nach zur Ruhe geführt werden. Beginnen wir uns und unsere sich ständig wiederholenden Gedanken zu beobachten. *Lenken wir unsere Aufmerksamkeit von den Gedanken weg und richten wir die Achtsamkeit auf den Augenblick.* Damit lenken wir uns vom Gedanken ab und zu dem hin was jetzt wirklich wichtig ist. Warum hänge ich in diesen Gedanken fest, wovor wollen sie mich ablenken? Fühlen wir doch einfach den Moment, nämlich das was wir fühlen. Bleiben wir in diesem Gefühl und spüren wir in uns hinein. So bekommen die Gedanken keine Aufmerksamkeit mehr und wenn sie die nicht mehr haben, können sie von uns abfallen.

Wenn sie abgefallen sind, blockieren sie uns nicht mehr und hindern uns nicht mehr, uns dem Eigentlichen zuzuwenden. Dieses ständige Abwenden führt uns langsam in die Gedankenstille. Wer sich der Gedankenstille hingibt, wird besonnener handeln und mit dem Lebensstrom fließen, anstatt ständig gegen ihn zu steuern.

Diese Gedankenstille stellt sich ein, wenn Sie bereit sind, die Gefühle zu fühlen und nicht mehr zwanghaften Gedankengängen nachhängen und am Leben erhalten. Natürlich gibt es Momente, in denen Gedanken sehr präsent sind und Oberhand gewinnen. Sie sind dann so stark, dass sie sich nicht einfach abschütteln lassen. Wenn es Ihnen also einmal passiert, dass Gedanken überhand nehmen, dann stellen Sie sich bildlich einfach etwas vor, was Ihnen gut getan hat oder Freude bereitet hatte. Wobei haben Sie sich so richtig wohl gefühlt?

In welchem Moment haben Sie sich völlig entspannt etc. Vielleicht war es ein Sonnenaufgang, ein Spaziergang über eine Blumenwiese oder im Wald, mit Vogelgezwitscher. Vielleicht aber auch ein Ausflug in die Berge, an einem See oder ans Meer. Wichtig ist, dass Sie sich etwas Neutrales vorstellen, was Sie immer wieder herbeiholen können, wenn das Denken Sie wieder einmal übermannt. Also kein persönliches Erlebnis wie zum Beispiel ein Kuss etc., dass mit zu vielen Emotionen gespickt ist, denn Gefühle die nur mit einem speziellen persönlichen Ereignis zusammenhängen, lösen in Ihnen weitere Erinnerungen oder Gefühle aus. Greifen Sie also am besten zu einem Bild, das mit der Natur zusammenhängt. Sie ist unverfänglich, unberührt und verweist auf etwas Größeres. *Die Natur ist ein Wegweiser, der nach innen führt und viele Menschen finden den Zugang über sie, zu sich selbst.* Das hat seine Gründe, erforschen Sie es bei einem Spaziergang. Visualisieren Sie also einfach eine Situation, welche Ihnen gut getan hat.

Wenn Sie das oft genug machen, wird der Verstand ganz von selbst diese Richtung einschlagen und immer wieder zu dieser „Vorstellung", die ja nur als Hilfsmittel dient, zurückkehren. Wir Menschen sind oft zu ungeduldig und haben uns selbst gegenüber zu wenig Disziplin. Überall sind wir diszipliniert, in der Schule, in der Arbeit, im Verhalten unseren Mitmenschen gegenüber etc.

Geht es aber um uns selbst, dann ist diese Disziplin plötzlich wie von Geisterhand verschwunden. Seien wir doch einfach etwas ausdauernder, um unser Denken in neue Bahnen zu lenken. Es geschieht nicht von selbst. Es braucht unseren Einsatz und unser bewusstes Tun. Egal wie wir das, was uns widerfährt benennen, denn es spielt wirklich keine wesentliche Rolle, ob wir es als Schicksal, Zufall, Glück oder Pech bezeichnen. Was wir so bezeichnen, ist und bleibt ein Ergebnis unserer Gedankenkraft und Qualität. *Gedanken setzen einfach Ursachen und sind sie zusätzlich auch noch mit Emotionen geladen, wirken sie noch intensiver, das heißt sie sind hochgeladene, geballte Energiebälle und rufen in enormer Geschwindigkeit unvorhersehbare Entladungen hervor.* Das sollten wir uns einmal bewusst machen.

Allem, wirklich allem was sich je manifestiert hat, gingen Gedanken voraus. Ohne diese würde erst mal gar nichts geschehen. Da wir der Sender sind, sind wir ja auch Empfänger und sollten uns mal vor Augen führen ob wir das, was wir aussenden auch bereit sind zu empfangen. Denn alles kehrt zu seinem Ursprung zurück, das ist ein ungeschriebenes Gesetz. Dessen sollte man sich immer wieder bewusst sein und dementsprechende Wirkungen setzen. Am besten solche, die wir gerne wieder zurück bekommen. *Die Ursache geht immer von uns selbst aus.* Achten wir also gut auf das, was wir denken und aussprechen und mit welcher Energie und Emotion diese Aussagen geladen sind. Wer sagt, dass Gedanken frei sind, hat recht, aber das schützt uns nicht vor ihren

Auswirkungen. Aus diesem Grund ist es sehr wichtig, sich bewusst zu werden, dass Gedanken nicht nur Gedanken sind. Kommen wir zu Bewusstsein, indem wir nicht jedem Gedanken nachsinnieren, aufladen und nähren. Sie alleine entscheiden ob Sie einen Gedanken aufnehmen, ihn hochladen und weiterspinnen wollen.

Genauso gut können Sie ihn vorbeiziehen lassen, wie es eine Wolke am Himmel tut. Kein Gedanke ist unserer und doch glauben wir das. Gedanken gehören uns nicht. Wir sind, was wir denken, aber wir sind nicht unsere Gedanken. Gedankenenergien sind nichts weiter als Gedankenfelder, welche von einer Anzahl Menschen tagtäglich geladen werden. Leider sind die Gedankenfelder der Ängste, des Kummers und des Leidens am größten.

Aber nicht weil sie die Welt beherrschen, sondern weil wir sie am meisten nachverfolgen. *Das stärkste Gedankenfeld wird tatsächlich von Angstenergien genährt.* Sie werden massiv geladen und genährt, sei es durch unser intensives Nachdenken, den Einfluss unseres Umfelds oder den Medien. Schon Kindern suggeriert man Angst, ohne es zu wollen. Unterschwellige Sätze wie „da kannst Du herunterfallen", oder „da kannst Du Dich verletzen", prägen das feine Menschenherz. Es gibt Dinge, die uns Angst machen. Das erzählen wir weiter, wie zum Beispiel „das solltest Du nicht essen", oder „wenn Du Deinem Partner nicht entsprichst, wird er Dich verlassen".

Auch hier wird Angst geschürt, welche wir oft noch unbewusst verstärken, weil wir das genauso wieder weitererzählen. Also beteiligen wir uns an diesen Angstfeldern und deshalb ist es kein Wunder, dass genau diese Energien wieder zu uns zurückkehren. *Beginnen wir Neues zu denken und wagen wir einen Umbruch, um diese alten Muster hinter uns zu lassen.*

Genauso wie diese destruktiven Felder entstanden sind, können konstruktive Energiefelder entstehen und diese fallen dann ganz anders auf uns zurück. Es ist auf alle Fälle einen Versuch wert, finden Sie nicht auch? Es ist schon längst überfällig neue Wege zu beschreiten. Manche Menschen sind sich gar nicht bewusst, dass sie sich den ganzen Tag in unkontrollierbaren Gedanken verfangen haben. Sie bemerken nicht, dass Sie dem nachhängen, was sie eigentlich loswerden wollen und sich nur um das kümmern, wovor sie sich fürchten. Durch dieses ständige in Gedanken umherirren sind wir ständig woanders, nur nicht bei uns selbst und bei dem was wir tun. Der andere sieht uns einer Tätigkeit nachgehen. Mag sein, dass der Körper damit beschäftigt ist Holz zu hacken, ein Essen zuzubereiten oder einen Brief zu schreiben, doch sind wir gedanklich auch bei der Sache?

Nehmen wir das nicht auf die leichte Schulter, sondern sind wir uns der ganzen Tragweite unseres Denkens bewusst. Wenn unser Leben aus der Bahn läuft und sich völlig chaotisch zeigt, geben wir nicht anderen Menschen oder Situationen die Schuld und machen wir auch nicht das Leben dafür verantwortlich, sondern überprüfen wir unsere Gedanken. *Gedanken sind Kräfte die nicht wirklich frei sind und frei machen, ganz im Gegenteil, sie erst nehmen uns gefangen und lassen uns vom Weg abirren.*

Deshalb erfordert es höchste Disziplin, um aus diesen Feldern frei zu werden und zu bleiben. Diese Disziplin sollte kein Muss sein, sondern zu einem freiwilligen Bedürfnis werden, die Welt und sich selbst einfach mal anders zu sehen.

14. Die Schöpferische Imagination:

Wir können mit unseren bewusst geformten Gedanken unserer Realität eine völlig neue Form und Richtung verleihen, indem wir sie für unsere bewusste Vorstellung nutzen. So wird mit schöpferischer Imagination alles Erdenkliche möglich und so können wir auch unerwünschte Erlebnisse umpolen. Dabei sollen diese sich in Zukunft besser - als bisher - zeigen, erlebt werden und entsprechende energetische Folgen abgeschwächt und korrigiert in Erscheinung treten können.

Für das Gelingen und Umsetzen ist es wichtig, sich bewusst zu machen, dass es bereits jetzt zweifellos in Erscheinung tritt. Diese Transformation einer Vorstellung ist schöpferische Imagination. So erleben wir den erwünschten Endzustand, welcher in vorgestellter Zukunft im Jetzt, also in der Gegenwart, Gestalt annimmt und zur neuen Realität wird. Diese Möglichkeit ist eine Tatsache, denn alles was wir uns vorstellen können, wird sich auch verwirklichen und dazu verwenden wir das Instrument und Werkzeug der schöpferischen Imagination. Allerdings nicht als Zuschauer, welcher das Ergebnis zaghaft erwartet, ob es vielleicht eintrifft, sondern als Betrachter, der das Ziel bereits erreicht hat. Jeder Zweifel ist kontraproduktiv das sollte schon klar sein. Es kann somit nur das in Erscheinung treten und sich manifestieren, was wir schon als bereits geschehen sehen. (Glaubet daran das Ihr erhalten habt uns es wird euch werden.)

Wichtig ist vielleicht auch zu erwähnen und in die Ausrichtung einfließen zu lassen, dass alles was geschehen soll, auch immer zum Wohle aller Beteiligten geschehen möge. Damit kann nichts mehr schiefgehen und alles wird sich gemäß dieser Ausrichtung neu und bestens fügen, für uns und auch für alle Mitbeteiligten. Dieser bewusste, schöpferische imaginäre Gebrauch lässt das, was wir verursachen in Erscheinung treten. Was immer es auch ist, es wird geschehen.

Eigentlich tun wir es immer, aber leider unbewusst, deshalb ist es wichtig, bewusst damit umgehen zu lernen, damit das in unser Leben treten kann, was uns auch wirklich gut tut und unser, sowie das Leben aller Mitmenschen bereichert. *Durch unser bewusstes, schöpferisches Imaginationswissen welches wir in liebevoller Dankbarkeit umsetzen, können sich so manche ansonsten eventuell unangenehme energetische Auswirkungen, korrigieren und in wesentlich abgeschwächter Form zeigen.* Dadurch können natürliche Gespräche, Verhandlungen und Projekte eine ganz neue zielgerichtete Wende einnehmen, welche zuvor noch als nicht möglich erachtet wurde. Und diese Fähigkeit ist wirklich in allen Lebensbereichen einfach, unkompliziert und kostenfrei anwendbar.

Die Gegenwart kann uns nur das zeigen was wir imaginiert haben. *Ein Bespiel:* Wenn wir uns in der Vorstellung sicher sind, immer am richtigen Ort zur richtigen Zeit zu sein und wir noch dazu mit dem Auto unterwegs sind, dann auch immer einen freien Platz dafür zur Verfügung haben, dann muss das selbstverständlich geschehen, wenn die Ausrichtung glasklar, zweifelsfrei und völlig bewusst ausgesprochen, abgesendet wurde. Es kann gar nicht anders sein. Wenn wir es noch nicht ganz glauben können, beginnen wir einfach mit täglichen unscheinbaren Kleinigkeiten. Bei unseren alltäglichen Zweifeln setzen wir am besten an. Wenn wir davon überzeugt sind, dies oder jenes nicht zu schaffen, beginnen wir genau hier mit der Umpolung. Ich sage mir, ab jetzt beginnt ein neuer Lebenszyklus, ab heute schaffe ich es, ich springe über diesen Schatten und schaffe es plötzlich.

Dieser erste Erfolg gibt uns Antriebskraft wie ein Turbo. Jeder Tag ist ein neuer Tag, eine neue Chance. *Nehmen wir neu Maß, nicht nur bei uns selbst, sondern auch bei unseren Mitmenschen, sehen wir auch sie neu.* Das wird uns helfen, die alte Brille mit Leichtigkeit abzulegen, alte Vorstellungen, Vorurteile etc. loszulassen und mit einer neuen Brille sieht alles und jeder wieder anders aus. So wird schöpferische Imagination zur wahren Herausforderung und unser Leben einfach ein wahres energetisches, schöpferisches Freudenfest in dem Dinge in Erscheinung treten, die mit unserem wahren Selbst in Harmonie und Resonanz schwingen. Und das natürlich zum Wohle aller damit Beteiligten, ob wir diese kennen oder auch nicht, das ist nicht wichtig.

15. Richtige Entscheidungen treffen:

Entscheidungen treffen wir ständig, doch wie wäre es sich ab sofort immer für die richtigen zu entscheiden? Der Mensch neigt dazu, sich immer richtig entscheiden zu wollen, doch geht das überhaupt? Gibt es überhaupt die richtige Entscheidung? Wer entscheidet, ob eine Entscheidung richtig oder falsch ist und kann eine falsche Entscheidung nicht auch die richtige sein? Unser Leben entscheidet sich in jedem Augenblick neu. Immer und immer wieder bietet sich eine neue Chance. Es vergeht kein Augenblick, indem sich nicht irgendetwas entscheidet. Vielleicht nehmen wir es als Veränderung, Zufall oder Schicksal wahr, doch Tatsache ist, dass das Leben Entscheidungen fällt. Diese passieren aber nicht zufällig, sondern sind von unserem inneren Wesen, unserer

Ausstrahlung – der energetischen Signatur, unserem Ausdruck, unserem Verhalten mitsamt Gedanken und Gefühlen, sowie Taten, abhängig. So wie wir sind, so wird uns auch das Leben begegnen. Da wir uns stets wandeln, uns anders verhalten, fallen auch Ergebnisse die das Leben bestimmen, unterschiedlich aus. Wenn wir uns für oder gegen etwas entscheiden, geschieht das nicht nur durch unseren Willen.

Eigentlich gibt es weder richtige noch falsche Entscheidungen, sondern immer nur so eine, die für diesen Augenblick wichtig, notwendig und möglich ist. Sie entspricht unserem momentanen Zustand und wird die notwendige Erfahrung herbeiführen. Wenn wir aus dem Bauchgefühl heraus Entscheidungen treffen, werden sie eine ganz andere Erfahrung bieten, als wenn sie aus dem Verstand heraus entstehen. Der Verstand zerlegt, misst ab und rechnet, er ist rational und berechnend. Das Bauchgefühl weiß vieles schon bevor der Verstand überhaupt damit angefangen hat, die Situation zu erfassen. Leider ist der Verstand viel besser konditioniert als unser Bauchgefühl und behält meist die Oberhand. Er ist dominant und laut, das Gefühl hingegen leise und schlicht. Seien Sie mutig und vertrauen Sie Ihrem Gefühl und lassen Sie sich nicht vom Denken beraten.

Aber auch Angst ist ein Gefühl, das uns schon mal in die Irre leiten kann. Angst ist ein sehr schlechter Ratgeber und hindert uns daran, das Leben neu zu erleben. Vertrauen in sich selbst und das Leben zu haben sind nicht nur wichtig, sondern ist notwendig, wenn sich das Leben neu gestalten und in neuen Bahnen verlaufen soll. Seien Sie einfach risikobereit und spontan und entscheiden Sie aus dem Herzen heraus, damit Sie stimmig sind. Jede Entscheidung sollte auch immer zum Wohle der Allgemeinheit ausfallen und dem Ganzen dienlich sein. Ihr Inneres weiß immer alles, längst bevor Sie etwas tun. Es weiß ganz genau, was gut und richtig ist.

Lernen Sie Ihrem Inneren zu vertrauen und stärken Sie Ihre energetische Wahrnehmung, indem Sie bevor Sie eine Entscheidung treffen mal schauen, was Ihr Herz oder was der Kopf sagt. Doch bevor wir auf die innere Stimme vertrauen können, müssen wir sie überhaupt wahrnehmen können. Was tun, wenn man keine innere Stimme vernimmt und nicht fühlt, was zu tun ist? Das ist ganz einfach, dann tut man genau das Gegenteil dessen, was der Verstand einem rät. Und wenn man sich unsicher ist und zwischen zwei möglichen Entscheidungen hin und herpendelt, dann nimmt man immer das Gegenteil von dem, wo man sich unsicher ist. Sind sie sich zum Beispiel unsicher, ob Sie am Wochenende wegfahren sollen, dann fahren Sie nicht. Sie sind sich ja unsicher, also lassen Sie es. Wo Unsicherheit da ist, auch nichts zu tun. Wenn Sie in Ihrer Partnerschaft unzufrieden sind und sich überlegen, ob Sie sie beenden sollen, dann brauchen Sie sie nicht zu beenden. Sie würden nicht überlegen, wenn sie schon beendet sein soll. Klingt das nicht auch ein wenig logisch?

Wenn sie noch überlegen, dann soll sie noch bestehen bleiben. In dem Moment, wo Sie nicht mehr überlegen und sie beenden, ist es richtig, dann aber ist es eine Entscheidung die von innen kommt und zu 100% passt. Sie können aber auch versuchen hinein zu spüren und so Ihr Gefühl „trainieren". Beobachten Sie den Zwiespalt der sich auftut wie folgt: „Es gibt zwei verschiedene Antworten.

Welche fühlt sich stimmig für mich an? Folgen Sie diesem Gefühl, wenn es sich klar heraus kristallisiert hat und lassen Sie sich überraschen. Es geht nicht darum, Vorteile und Nachteile einer Entscheidung abzuwägen, sondern unabhängig von den Umständen, ausschließlich seinen Empfindungen zu folgen. *Mit Hilfe Ihrer inneren Wahrnehmung lernen Sie, was sich für Sie als stimmig anfühlt, was Sie tun und was Sie lassen sollten.* Es fühlt sich so an, als ist in uns ein Barometer eingebaut, welches uns anzeigt, was zu tun und was uns förderlich ist sowie im Einklang mit allem ist. Und das sollten wir uns zunutze machen.

Alles was wir tun, hat Auswirkungen, das heißt, jede Entscheidung betrifft letztendlich auch unser Umfeld, unsere Mitmenschen und alles was ist. Wir werden tagtäglich dazu aufgefordert uns neu auszurichten und jeder Tag, ja, jede Stunde und Minute ist neu. *Machen wir es wie der Schneider, er nimmt immer wieder neu Maß.* Das können wir auch tun, indem wir jeden Tag als völlig neu sehen, dann werden wir ihn auch neu erleben. Geben Sie in Ihrem Leben den Ton an und lassen Sie alles weg, was Ihnen auch bis hierher nicht dienlich war. Nutzen Sie Ihre neu erworbenen Fähigkeiten, welche Ihnen dieses Wissen vermitteln und verursachen Sie Ihr Leben neu. Geben Sie Ihm Ihre Anweisungen klar und deutlich. Mit der inneren Gewissheit, dass es schon geschehen ist, gelingt dies in jedem einzelnen Fall. Ist dies nicht der Fall, dann ist das kein Unglück, sondern Glück, dass es anders gekommen ist, als Sie sich es gewünscht haben.

Ihre Wünsche sind nicht immer so wie sie sein sollen. Sie gehen nicht immer mit dem kosmischen Ablauf konform. Wenn etwas also als misslungen erscheint, erscheint das vielleicht Ihnen so. Dem Ablauf entsprechend ist es aber so gewollt und deshalb geglückt. Vergessen Sie das nie! *Geben Sie dem Leben Ihre Anweisungen, Ihre Gefühle, Gedanken, inneren Überzeugungen und Handlungen sind konkrete Anweisungen.* Geistiges „in Besitz nehmen" und „schöpferische Imagination", sowie „Visualisieren" sind genau genommen, auch sehr subtile und korrekte Anweisungen an das Leben, welche mit Gefühlen aufgeladen, ein sehr starkes Verwirklichungspotenzial in sich tragen. Sind wir uns diesen Auswirkungen, die von Gedanken, Gefühlen und Handlungen ausgehen bewusst, dann müssen wir uns einfach selbst und unseren Gedanken mehr Achtsamkeit schenken.

Denn es ist schließlich nicht wirklich egal, was wir denken. Höchstens es ist uns egal, was wir anziehen und ob unser Leben disharmonisch und unausgeglichen verläuft. Eigentlich kann das niemandem egal sein. Sind wir uns dieser enormen Verantwortung bewusst, verändert sich auch unser Verhalten. Sie sind immer Gewinner, auch wenn Sie verlieren. Auch dann haben Sie bestimmt eine Erkenntnis gewonnen, welche sehr wichtig ist. Verlierer gibt es im energetischen Sinne gar nicht, weil man gar nichts verlieren kann.

Und wenn einer gewinnt, dann muss auf der anderen Seite ja ein Verlierer sein. Warum freut man sich, wenn man gewinnt und nicht dann, wenn man verliert? Wenn Sie verlieren, gewinnt ein anderer. Ist das nicht auch ein Grund zur Freude? Dies kann man erst so sehen, wenn man spürt, dass alles zusammenhängt und wir nicht getrennt voneinander existieren.

Alles was Ihnen in diesem Leben begegnet, ist eine Folge von unbewussten oder bewussten Signalen, die Sie gesetzt haben. Deshalb minimieren Sie die unbewussten und steigern Sie die bewussten Signale oder Anweisungen, denn so lebt es sich harmonischer und besser.

ZU GUTER LETZT

Leben im Jetzt, startklar für das *Morgen*

KAPITEL 18

ZU GUTER LETZT

Wir können die vorigen Ausführungen über eine bewusstere Lebens- und Zukunftsgestaltung mit der Ernte eines Bauern am Ende des Sommers vergleichen:

Unsere Lebensernte ist davon abhängig, welches Korn wir auswählen, wie wir es aufbewahren, zu welchem Zeitpunkt und mit welcher Stimmung wir es in „welche" Erde säen. Es sind unzählige Faktoren, die die Qualität der Ernte bestimmen. Wenn Worte, Gedanken und Taten nicht stimmen, dann wird auch die Ernte unzufrieden ausfallen. Eigentlich ist sich fast jeder Mensch bewusst, dass er durch sein Verhalten sein Leben bestimmt.

Die meisten wissen auch, dass ihre Gedanken ihre Zukunft formen. Sie wissen es, aber sie tun nichts. Sie flüchten vor Veränderungen und bleiben im Wissen stecken, ohne davon profitiert zu haben. Nur gelebtes Wissen wird eine segensreiche Ernte einfahren, das ist gewiss. Wenn wir wissen, dass wir für unser Leben ganz alleine die Verantwortung tragen, ist es eigentlich ein fahrlässiges Verhalten, wenn wir weiterhin rund um die Uhr in planlosen und sinnlosen Überlegungen herumirren. Wir halten uns darin auf und nähren diese negativen Faktoren samt Ängsten, obwohl wir wissen, dass es uns nicht gut tut.

Zugegeben, es ist nicht leicht Gedanken einfach stehen zu lassen und sich davon abzuwenden, doch zumindest müssen wir es nur einmal tun. Es geht darum, damit zu beginnen achtsamer, konsequenter und verantwortungsbewusster durch das Leben zu gehen und sich seines Verhaltens in jedem einzelnen Augenblick vollkommen bewusst zu sein. Denken wir in diesem Moment nicht daran?

Woran liegt es, dass wir uns immer wieder in diesen eingefahrenen Programmen und Mustern verlieren? Wir wissen, dass wir so sind, wie wir eigentlich nicht sein sollten und dass wir es besser machen könnten, doch wann beginnen wir damit? *Wir sollten nicht immer alles auf Morgen verschieben, sondern alles immer gleich erledigen.* Auch gute Vorsätze, die lange Zeit verschoben werden, belasten womöglich Gesundheit und Seele und bescheren uns ein schlechtes Gewissen. Und wann beginnen Sie damit, Ihr Leben so zu leben, wie es zu Ihrem Besten ist? Wälzen wir uns so gerne im Selbstmitleid? Ist das wirklich so angenehm? Verlieren wir uns so gerne in Wunschträumen und schönen Erinnerungen? Wird unser Leben dadurch besser?

Holt uns die Realität nicht doch wieder ein? Halten wir so gerne an negativen Vorstellungen fest und ist es wirklich so interessant, in Befürchtungen kleben zu bleiben? Diese Verhaltensmuster sind nicht angenehm und wer hört das schon gerne. Doch wer einen Schritt nach vorne gehen will, der wird sich mit sich selbst und seinen Verhaltensmustern auseinandersetzen müssen. *Nur wer sich selbst erkennt, weiß wie er funktioniert.* Nur dann kann er die Farce erkennen, in die er sich irrtümlich hinein manövriert hat. Erst dann ist er für Veränderungen bereit.

Wir sitzen alle in einem Boot und keinem Menschen geht es besser. Wir glauben zwar immer, dass es vielen Menschen besser geht, weil die Lebensumstände anders sind. Wir haben uns ein Bild über einen Menschen gemacht. Doch es ist eben nur ein Bild und sagt nichts über den Menschen aus. Wir können nicht hinter die Fassade blicken und wissen nicht, wie es in diesem Menschen wirklich aussieht. Es ist ein Fakt, dass jeder einzelne in seinem Dilemma festhängt, sofern er sich noch über sein Ego definiert und noch nicht erkannt hat, was er tatsächlich ist. Das lässt sich nicht schönreden. Aber jeder Mensch hat das Potential, zu sich selbst zu erwachen.

Der Mensch der Zukunft ist dazu aufgerufen, sich umzusehen, sich selbst und seine Mitmenschen wahrzunehmen. Es ist Voraussetzung zu verstehen, wie wir uns heute verhalten sollen, damit wir morgen eine Zukunft erleben, die freudvoll ist. Jedem Menschen steht ein glückliches und zufriedenes Leben zu. Doch dafür hat er etwas zu erledigen. Sein Auftrag lautet, seine wahre Identität zu entdecken und wer sich auf dieses Abenteuer einlässt, der wird jeden Augenblick auskosten und bereit sein, sich dem Leben zu stellen, ganz gleich, wie es sich darstellen mag.

ZU GUTER LETZT

Wie wird Ihre Zukunft sein? Der Mensch wollte immer schon wissen, wie sein Leben verläuft. Die früheren Herrscher nutzten die Fähigkeiten von Wahrsagern und Propheten, die ihnen mit Rat und Tat zur Seite standen. Ist die Zukunft veränderbar, kann man auf sie Einfluss nehmen oder ist sie gar vorgegeben?

Bevor man diese Frage beantworten kann, muss man wissen was Zukunft überhaupt ist. Zukunft ist nichts Festes und ist in diesem Moment nicht wirklich existent. Sie existiert nur in unseren Körpern, da es immer nur jetzt ist und über ein Morgen nur gesprochen und nachgedacht werden kann. Es ist weder greifbar noch real, wie soll es dann beeinflussbar sein. Natürlich prägen wir allein durch unser Verhalten und den momentanen Zustand das was wir Zukunft nennen, doch dies ist kein bewusstes Gestalten.

Wir gestalten die sogenannte „Zukunft" ganz automatisch sind uns aber nicht bewusst, dass etwas, was gar nicht wirklich besteht, natürlich auch nicht gestaltet werden kann. Hier ergeben sich Widersprüche, weil der Mensch aus seiner persönlichen Perspektive, die Zukunft als einen festen und realen Bestandteil seines Lebens sieht. Aus einer rein objektiven Sicht hat es Raum und Zeit niemals gegeben. Natürlich orientierten wir uns danach, damit das Leben strukturiert verlaufen kann, doch das Leben ist ein einziger Augenblick. Was aber nutzt uns das Wissen, dass wir in einer Illusion leben, wenn wir in ihr so fest verhaftet sind, dass wir nicht über unser Menschsein hinausgehen können? Was hilft es uns, dass die Teertonne in die wir hineingefallen sind uns nicht schaden kann, wenn wir darin feststecken und den Gestank kaum ertragen?

Auch wenn der Gestank Illusion ist, so macht er uns das Leben schwer. Wer in seinen Programmen feststeckt weiß, wie hartnäckig sie sein können. Sie sind natürlich nicht zu unterschätzen. Das Ego will glänzen und der Verstand Oberhand behalten. *Lassen Sie die Zukunftsgedanken hinter sich, damit Zukunftsängste schon bald der Vergangenheit angehören.* Wählen Sie Ihr Leben ganz gezielt und bewusst, als würden Sie das bei einem Maßanzug tun. Der Schlüssel für eine wunderbare Zukunft liegt in Ihrem Bewusstsein, ist Ihr Bewusstsein selbst. Schreiten Sie durch das Tor - das in Wirklichkeit immer geöffnet war - und erleben Sie *ein harmonisches Hier und Jetzt.*

*Produkte zum Wohlfühlen
Ausbildungen zum Durchstarten
DVDs zur Innenbildung
CDs zum Entspannen*

Ihr Ansprechpartner für alle Lebensbereiche!

„Unsere Herzens-Aufgabe ist die Bewusstseinsentfaltung."

E-Mail: go@iadw.com
❖ **www.iadw.com** ❖

- ❖ Tepperwein-Heimlehrgänge
- ❖ Tepperwein-Kompaktlehrgänge
- ❖ Tepperwein-Ausbildungen

- ❖ Bücher
- ❖ CDs und DVDs
- ❖ Geschenksartikel
- ❖ Gesundheitsboutique

Internationale Akademie der Wissenschaften Anstalt
Postfach 1628, FL-9490 Vaduz
Tel: +423 233 12 12 / Fax: +423 233 12 14